Deutsch?
Versuch's doch mal!

ドイツ語いいじぃ？　いいげんて！

—初級ドイツ語文法—

Fumito Hayakawa

Fumihiko Sato

Kayo Nishide

ASAHI Verlag

──────── 音声サイトURL ────────

https://text.asahipress.com/free/german/iisieiigente/

※ 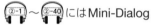 には文字と発音そして文法, には Mini-Dialog,

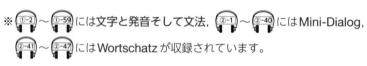 には Wortschatz が収録されています。

装丁・イラスト──メディアアート

● まえがき ●

　本書は，初めてドイツ語を学ぶ大学生を対象にしたドイツ語文法の教科書です。ABCなどの発音のルールを学ぶ0課に続き，本編15の各課では，初級文法の重要なポイントが網羅されています。

　各課では，それぞれの学習項目が表や例文とともに簡潔に説明されます。また，学習上とくに注意すべき点や助言は，《ポイント》の見出しがついたコメントで示されています。

　皆さんが学習を進める際には，まずは学習項目ごとの文法説明と《ポイント》の内容を把握してください。そして《確認練習》で理解度をチェックしましょう。

　さらに学んだばかりの文法事項を反映したMini-Dialogでは，発音やフレーズそしてそれらの表現が日常会話でどのように使われるのかを知り，実践できます。文法の学習では，とかく発音練習は見落とされがちですが，本書のMini-Dialogの音声を聞きながら，実際に声に出して練習することを強くお勧めします。教室で，あるいはオンラインで，ペア練習をするとより効果的でしょう。

　各課の終わりの《練習問題》は，《確認練習》よりも少し発展的な内容が加えられた問題構成になっています。これらの問題を難なく解ければ，各課の内容をしっかり理解できているはずです。

　文法事項の説明や練習問題では補いきれない，けれども大切な語彙については，Wortschatzという項目で挿入されています。これらの単語は是非とも覚えてほしい基本的な語彙ですので，積極的に覚えましょう。

　巻末には，文法事項の補足がついています。ここで紹介されている文法事項は，中級文法への懸け橋になっています。本書の学習を終え，ドイツ語の文章を読むときなどに未習の文法事項に出会ったら，まず巻末の文法補足を参照してみてください。

　なお，タイトルの「いいじぃ」と「いいげんて」は著者の勤務地である金沢のことばです。「ドイツ語やってるんだ，いいじゃない（いいじぃ）?」「うん，いいんだよ，これが（いいげんて）!」くらいのMini-Dialogを意味します。本書での学習を通して，必ずしもeasyじゃないドイツ語文法を「いいげんて!」と思ってもらえれば，著者一同，これほどうれしいことはありません。

　この教科書の作成にあたっては，朝日出版社編集部の山田敏之さんに大変お世話になりました。ドイツ語に関してはTimo Thelenさんに助言をいただきました。例文やMini-Dialogの録音は，ThelenさんとJana Klacanskaさんにお願いしました。山田さんとふたりの同僚に心より感謝いたします。

2021年秋

著者一同

目　次

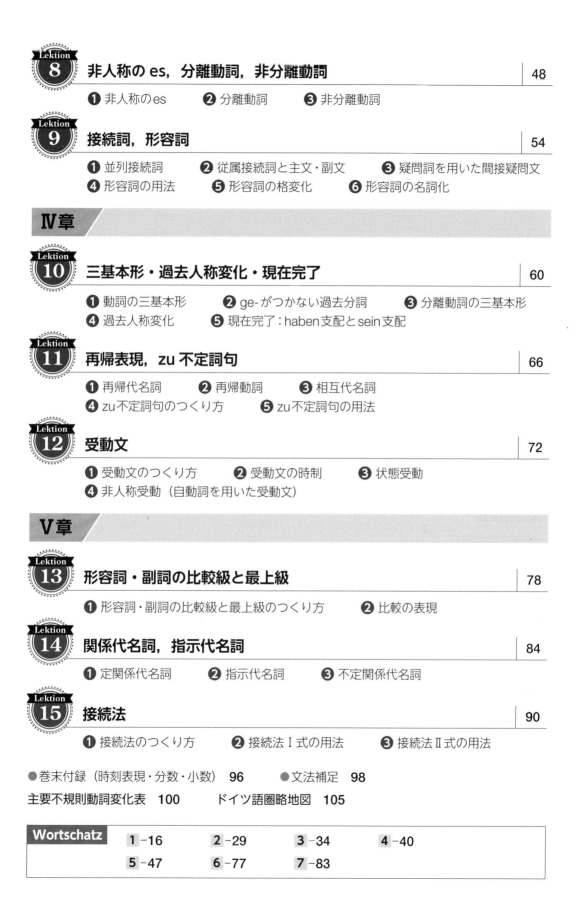

アルファベット・発音のルール・あいさつ表現

das Alphabet ①-2

A a [aː]	B b [beː]	C c [tseː]	D d [deː]	E e [eː]	F f [ɛf]	G g [geː]
H h [haː]	I i [iː]	J j [jɔt]	K k [kaː]	L l [ɛl]	M m [ɛm]	N n [ɛn]
O o [oː]	P p [peː]	Q q [kuː]	R r [ɛʀ]	S s [ɛs]	T t [teː]	U u [uː]
V v [faʊ]	W w [veː]	X x [ɪks]	Y y [ʏpsilon]	Z z [tsɛt]		
Ä ä [ɛː]	Ö ö [øː]	Ü ü [yː]	ß [ɛs tsɛt]			

注）ßは通常小文字のみで使います。

発音のコツ

・特殊文字の発音

Ä ä [ɛː]　日本語のエと同じ発音です。

Ö ö [øː]　エとオの中間音と言われる発音。エと発音しながら唇をすぼめると発音できます。
あいまいに発音したウーのような音にも聞こえます。

Ü ü [yː]　日本語のユに似ています。ユの最初の舌の位置をキープしながら（のばしても「ウ」
にならないように）発音しましょう。

・e の発音

短母音では，日本語のエと同じ発音です（[ɛ]）。

長母音では，イに近い緊張した音になります（[eː]）。

アクセントのない音節では，あいまい母音として発音されます（[ə]）。

・r の発音

標準ドイツ語の発音ではのどびこをふるわせる発音ですが，いわゆる「巻き舌」の発音になる方
言もあるので，日本語のラ行の音でも聞き取ってもらえます。

母音の後ろではア（[ɐ]）という発音になります。例）Bier [biːɐ]「ビール」

🔵 文字と発音

1) つづりと発音の原則

・ローマ字読みに近いです。
　例）Name [ˈnaːmə]「名前」

・アクセントは語頭に置かれます。ただし外来語や接頭辞がつく語では，アクセントが語頭にはない場合もあります。
　例）Morgen [ˈmɔʁɡən]「朝」

・アクセントのある母音には長短があります。
　アクセントのある音節の後につづく子音が2字以上の場合は，短母音になります。
　例）bitte [bɪtə]「どうぞ」
　アクセントのある音節の後につづく子音が1字の場合は，長母音になります。
　例）Kino [kiːno]「映画館」，Tag [taːk]「日」
　母音の後ろのhは，前の母音が長母音であることを示します。カタカナ表記で用いられる長音符号のようなものです。
　例）nehmen [neːmən]「取る」

2) 母音

a	[a]/[aː]	Mann「男性」	Name「名前」
e	[ɛ]/[eː]/[ə]	Heft「ノート」	gehen「行く」
i	[ɪ]/[iː]	Film「映画」	Kino「映画館」
o	[ɔ]/[oː]	kommen「来る」	Brot「パン」
u	[ʊ]/[uː]	Mutter「母」	Hut「帽子」

変母音（ウムラウト）

ä	[ɛ]/[ɛː]	Bäcker「パン屋」	fähig「有能な」
ö	[œ]/[øː]	können「～できる」	Böhmen「ボヘミア」
ü	[ʏ]/[yː]	dünn「薄い」	führen「導く」

二重母音

au	[aʊ]	Frau「女性」	
ei	[aɪ]	Eis「氷」	
eu/äu	[ɔʏ]	Europa「ヨーロッパ」	Gebäude「建物」
ie	[iː]	Brief「手紙」	

3) 子音 ①-5

・語末の**b, d, g**は，[p], [t], [k] と発音されます。
　　例）halb「半分」，Hund「犬」，Tag「日」

・**ch**の発音は，前後の環境で変わります。
－ a，o，u母音の後ろ→ [x]
　　例）Dach「屋根」，Woche「週」，Bauch「腹」
－ それ以外の位置→ [ç]
　　例）ich「私は」，Milch「牛乳」，Chemie「化学」
－ chsという子音連続→ [ks]
　　例）Lachs「サケ」，Fuchs「キツネ」

・**ck** [k]
　　例）Rücken「背中」，dick「厚い」

・語末の**-ig**は，[ɪç] と発音されます。（地域によっては [ik] と発音される場合もあります。）
　　例）billig「安い」，fleißig「熱心な」

・**j**は，ヤ行の発音 [j] です。
　　例）Japan「日本」，ja「はい」

・**pf** [p͡f]は，[f] の口をあらかじめ作った上で，両唇を破裂させるとスムーズに発音できます。
　　例）Apfel「リンゴ」，Pfeffer「コショウ」

・**q**は，quという組み合わせでのみ用いられ，[kv] と発音されます。
　　例）Quelle「泉」，Quittung「領収書」

・**s**の発音は，前後の環境で変わります。
－ 母音の前のs→有声音 [z]
　　例）Sohn「息子」，sagen「言う」
－ 母音の後ろの ss/ß → [s]
　　例）wissen「知っている」，Fuß「足」，weiß「白い」
　　短母音の後ろはss，長母音もしくは二重母音の後ろはßでつづります。
－ 語頭の sp- [ʃp] / st- [ʃt]
　　例）sprechen「話す」，Student「学生」
－ sch [ʃ]
　　例）schön「美しい」，Japanisch「日本語」

・**tsch** [t͡ʃ]　例）tschüs「バイバイ」，Deutsch「ドイツ語」

・**v** [f]

例）Vater「父」，Vogel「鳥」

・**w** [v]

例）Wein「ワイン」，Wagen「車」

・**tz/z** は，[ts]と発音されます。またtzは語頭に来ることはありません。

例）Satz「文」，jetzt「今」，Zeit「時間」，tanzen「ダンスをする」

あいさつの表現

出会ったときのあいさつ

Guten Morgen!	おはよう！
Guten Tag!	こんにちは！
Guten Abend!	こんばんは！
Hallo!	やぁ！／ハロー！

別れるときのあいさつ

Auf Wiedersehen!	さようなら！
Tschüs!	バイバイ！
Gute Nacht!	おやすみ！
Bis dann!	じゃあね！
Bis morgen!	また明日！

お礼・謝罪など

Danke (schön)	ありがとう（ございます）！
Bitte (schön)	どうぞ！/どういたしまして！/お願いします！
Entschuldigung!	すみません！

動詞の現在人称変化 Ⅰ

Lektion 1

❶ 不定詞と定動詞

　ドイツ語の動詞は，《語幹》と《語尾》から成り立っています。語幹は動詞の中心です。

　wohnen「住んでいる」ではwohn-，trinken「…を飲む」ではtrink-が語幹にあたります。語幹に続く-enが語尾です。wandern「ハイキングをする」のように，一部の動詞の語尾は-nだけになります。

✏️ 確認練習 ❶　次の動詞を語幹と語尾に分けましょう。

1) gehen　2) kommen　3) hören　4) spielen　5) sammeln

　辞書の見出し語として掲載されている動詞の形は，主語や時制などがまだ定まっていない《不定形》です。不定形の動詞をとくに《不定詞》といいます。語尾は，主語の人称・数，時制などにしたがって変化します。変化した語尾を伴う形を《定形》と呼びます。定形の動詞を《定動詞》といいます。

　ドイツ語の主語になる人称代名詞と動詞の語尾変化のパターンは以下の通りです。

主語	単数	語尾	複数	語尾
1人称	ich	-e	wir	-en
2人称（親称）	du	-st	ihr	-t
2人称（敬称）	Sie	-en	Sie	-en
3人称	er	-t	sie	-en
	sie			
	es			

注）duとSieについて：2人称親称の代名詞duは心理的な距離が近い相手に対して用います。例えば，家族や恋人，学生同士だけではなく，自分にとって身近な存在（ペットやぬいぐるみ，あるいは神など）にもduを用います。一方，2人称敬称の代名詞Sieは心理的な距離，隔たりがある相手に対して用います。仕事など公的な場，初対面の大人同士などです。

💡 ポイント

● 敬称のSieの語頭は文中でも大文字で書くので注意してください。
● 敬称のSieの語尾変化は3人称複数のsieと同じです。

例1）　Ich wohne in Berlin.　　「私はベルリンに住んでいます。」
例2）　Du trinkst Wasser.　　「君は水を飲みます。」
例3）　Ihr trinkt Tee.　　「君たちはお茶を飲みます。」
例4）　Sie spielen Geige.　　「あなた（たち）はヴァイオリンを弾きます。」／
　　　　　　　　　　　　　　「彼らはヴァイオリンを弾きます。」
例5）　Sie spielt Tennis.　　「彼女はテニスをします。」

❷ ドイツ語の現在形の用法 ①-8

1) 現在の出来事・状態，進行中の動作

例1) Wir lernen jetzt Deutsch. 「私たちは今ドイツ語を学んでいます。」

例2) Er wohnt schon lange in Deutschland. 「彼はもう長いあいだドイツに住んでいます。」

2) 未来の出来事・状態

例3) Sie geht morgen nach Wien. 「彼女は明日ウィーンに行きます。」

 確認練習 ❷ （　　）の動詞を現在人称変化させて下線部に入れましょう。

1) Ich ＿＿＿＿＿＿＿ heute. (schwimmen) 「私は今日泳ぎます。」

2) Er ＿＿＿＿＿＿＿ aus Berlin. (kommen) 「彼はベルリン出身です。」

3) Ihr ＿＿＿＿＿＿＿ jetzt Deutsch. (lernen) 「君たちは今ドイツ語を学んでいます。」

4) Sie ＿＿＿＿＿＿＿ Philosophie. (studieren) 「彼女は哲学を専攻しています。」

5) Wir ＿＿＿＿＿＿＿ zusammen. (kochen) 「私たちは一緒に料理をします。」

❸ 定動詞の位置 ①-9

1) 平叙文では，原則として定動詞は第2位に置かれます。それを《定動詞第2位の原則》といいます。

Ich spiele heute Tennis. 「私は今日テニスをします。」

Heute spiele ich Tennis. 「今日，私はテニスをします。」

2) 疑問詞のない疑問文では，定動詞は第1位（文頭）に置かれます。

Spielst du heute Tennis? 「君は今日テニスをするの？」

3) 疑問詞のある疑問文では，疑問詞が第1位に，定動詞は第2位に置かれます。

Wann spielst du Tennis? 「いつ君はテニスをするの？」

おもな疑問詞

wann （いつ？）, wo （どこで？）, woher （どこから？）, wohin （どこへ？）,

wie （どのように？）, warum （なぜ？）, was （何が？・何を？）, wer （誰が？）

日本語に訳してみましょう。

Timo: Hallo! Spielst du gern Tennis?

Janka: Hallo! Ja, ich spiele gern Tennis. Und ich jogge auch gern. Joggst du auch?

Timo: Nein, ich jogge nicht so gern. Ich spiele lieber Fußball. Morgen spielen wir

　　　 Fußball. Thomas kommt auch.

Janka: Wer ist Thomas?

Timo: Er kommt aus Regensburg und lernt jetzt Japanisch.

Janka: Echt? Ich lerne auch Japanisch.

❹ 発音上の注意が必要な動詞

1) 《口調上のe》

　語幹が-d, -t, -chn, -ffn, -tmで終わる動詞は，子音で始まる語尾（du -st, ihr -t, er/sie/es -t）の前にeが加わり，du -est, ihr -et, er/sie/es -etとなります。finden「見つける，思う」, arbeiten「働く」, rechnen「計算する」, öffnen「開ける」, atmen「息をする」といった動詞を例に確認してみましょう。

主語	finden	arbeiten	rechnen	öffnen	atmen
ich	finde	arbeite	rechne	öffne	atme
du	findest	arbeitest	rechnest	öffnest	atmest
er/sie/es	findet	arbeitet	rechnet	öffnet	atmet
wir	finden	arbeiten	rechnen	öffnen	atmen
ihr	findet	arbeitet	rechnet	öffnet	atmet
sie/Sie	finden	arbeiten	rechnen	öffnen	atmen

2) 《脱落のs》

　語幹が -s, -ß, -z で終わる動詞は，2人称親称単数の語尾 -st の初めの子音 s が脱落します。reisen「旅行する」，heißen「…という名前である」，tanzen「ダンスをする」といった動詞を例に確認してみましょう。

主語	reisen	heißen	tanzen
ich	reise	heiße	tanze
du	reist	heißt	tanzt
er/sie/es	reist	heißt	tanzt
wir	reisen	heißen	tanzen
ihr	reist	heißt	tanzt
sie/Sie	reisen	heißen	tanzen

 確認練習 3 （　　）の動詞を現在人称変化させて下線部に入れましょう。

1) Wann _____ du?　　　　　(tanzen)　「君はいつダンスをしますか？」

2) Sie _____ fleißig.　　　　(arbeiten)　「彼女は一生懸命働きます。」

3) _____ ihr richtig?　　　　(rechnen)　「君たちは正しく計算していますか？」

4) Wie _____ du?　　　　　(heißen)　「名前は？」

5) Er _____ sehr gern.　　　(reisen)　「彼は大の旅行好きだ。」

6) Brigitte _____ die Tür nicht. (öffnen)　「ブリギッテはそのドアを開けません。」

Mini-Dialog 2 ②-2

日本語に訳してみましょう。

Ali:　　　Hallo! Ich bin Ali. Wie heißt du?

Sabine: Hallo, ich bin Sabine. Tanzt du heute Abend?

Ali:　　　Nein, ich tanze nicht gern. Ich singe lieber.

Sabine: Ich singe auch gern. Was singst du gern?

特殊な変化をする動詞もあります。この課では重要な sein「…である」，haben「…を持っている」，werden「…になる」を学びましょう。

主語	sein	haben	werden
ich	bin	habe	werde
du	bist	hast	wirst
er/sie/es	ist	hat	wird
wir	sind	haben	werden
ihr	seid	habt	werdet
sie/Sie	sind	haben	werden

 確認練習 ❹ （　　）の動詞を現在人称変化させて下線部に入れましょう。

1) Ich ＿＿＿＿＿＿ Student.　　　　　(sein)　　「私は大学生です。」

2) Sie ＿＿＿＿＿＿ auch Studentin.　(sein)　　「彼女も大学生です。」

3) ＿＿＿＿＿＿ ihr Zeit?　　　　　　(haben)　　「君たちには時間がありますか？」

4) ＿＿＿＿＿＿ Sie Lehrerin?　　　　(werden)　「あなたは教師になりますか？」

5) ＿＿＿＿＿＿ du Durst?　　　　　　(haben)　　「喉が乾いているの？」

6) Was ＿＿＿＿＿＿ du später?　　　(werden)　「君は将来何になるの？」

注）ドイツ語では，職業・身分・国籍などを述べる場合には，原則として名詞に冠詞をつけません。職業・身分・国籍を表す名詞は男性形と女性形を区別します。女性を表す場合には語尾に -in をつけるものが多いですが，例外もあります。

Mini-Dialog 3 ②-3

日本語に訳してみましょう。

Thomas: Hallo! Ich bin Thomas. Bist du neu hier? Wie heißt du?

Sara: Ich heiße Sara. Ich komme aus Düsseldorf. Woher kommst du?

Thomas: Aus Regensburg. Jetzt studiere ich hier Jura. Was studierst du?

Sara: Ich studiere Japanologie. Ich lerne gern Japanisch.

Ⅰ （　　）の動詞を現在人称変化させて下線部に入れましょう。そして和訳しましょう。

1) Timo _____ aus Deutschland.　（kommen）

2) _____ du Bier oder Milch?　（trinken）

3) Wir _____ morgen nach Europa.　（fliegen）

4) _____ sie Janka?　（heißen）

5) Wir _____ morgen Fußball.　（spielen）

6) _____ du gern?　（tanzen）

7) Thomas _____ sehr gut.　（kochen）

8) _____ Sie jeden Tag Kaffee?　（kaufen）

9) Frau Müller _____ sehr fleißig.　（arbeiten）

10) _____ du Deutsch interessant?　（finden）

Ⅱ （　　）の動詞を現在人称変化させて下線部に入れましょう。そして和訳しましょう。

1) _____ du Hunger?　（haben）

2) Ich _____ Student.　（sein）

3) _____ Sie Japanerin?　（sein）

4) Es _____ Abend.　（werden）

5) _____ ihr heute Zeit?　（haben）

6) Martin _____ Musiker.　（werden）

7) _____ Sie heute zu Hause?　（sein）

8) Thomas und Kathrin _____ vier Hunde.　（haben）

9) Er _____ sehr nett.　（sein）

10) Franziska _____ Lehrerin.　（werden）

11) Wir _____ morgen Deutsch.　（haben）

12) _____ du Sänger?　（werden）

Ⅲ 空欄に適切な疑問詞を入れましょう。

1) （　　　　　） wohnst du?　　「君はどこに住んでいるの？」

2) （　　　　　） geht ihr?　　「君たちはどこへ行くの？」

3) （　　　　　） kommen Sie?　　「あなたのご出身は？」（どこから）

4) （　　　　　） lernt er Deutsch?　　「なぜ彼はドイツ語を学んでいるの?」

5) （　　　　　） studierst du?　　「君は何を専攻しているの?」

Lektion 2 名詞と冠詞の格変化

❶ 名詞の性と数  ①-12

　ドイツ語では原則として名詞の頭文字を大文字にします。名詞には，男性・女性・中性という文法上の《性》があります。人間に関する名詞のほとんどは，実際の性別にしたがいます。名詞は単数形と複数形に区別されますが，不可算名詞など単数形しかない名詞 (Wasser「水」など) もあります。また，通常複数で存在する事物や概念を指す名詞は，単数形がない場合もあります (Leute「人々」，Japonismus「ジャポニズム」など)。

男性名詞	女性名詞	中性名詞
Mann	Frau	Kind
Stuhl	Tasche	Haus
Wein	Milch	Wasser

注) この教科書では，名詞は，「男性名詞の」(maskulin) を *m.*，「女性名詞の」(feminin) を *f.*，「中性名詞の」(neutral) を *n.* で表記します。

❷ 名詞の格と用法  ①-13

　《格》とは，名詞や代名詞が文中ではたす役割です。ドイツ語には１格から４格まであります。それぞれの格の基本的な用法は以下の通りです。その他の用法，例外的な用法についてはその都度覚えましょう。

格	用法	訳例
1格	文の主語	「…が」
2格	直前の名詞と結びつき所有，帰属を表す。	「…の」
3格	他動詞の間接目的語	「…に」
4格	他動詞の直接目的語	「…を」

| 1格 | Der Mann ist gesund. | 「その男性は健康です。」 |

| 1格 | Der Mann ist Lehrer. | 「その男性は教師です。」　注) Lehrerも１格になります。 |

| 2格 | Das Auto des Mannes ist neu. | 「その男性の車は新しい。」 |

| 3格 | Ich gebe dem Mann das Buch. | 「私はその男性にその本をあげます。」 |
（geben「3格に4格を与える」）

| 3格 | Ich helfe dem Mann. | 「私はその男性を手伝います。」 |
(helfen「3格を助ける。手伝う。」)

| 4格 | Wir lieben den Mann. | 「私たちはその男性を愛しています。」 |

❸ 定冠詞と名詞の格変化  ①-14

　冠詞は，性と数，格という名詞句がもつ文法情報を示す重要な役割を果たしています。《定冠詞》は，話し手や聞き手にとって特定されている名詞につきます。

定冠詞の格変化

	男性	女性	中性
1格	der Mann	die Frau	das Kind
2格	des Mann(e)s	der Frau	des Kind(e)s
3格	dem Mann	der Frau	dem Kind
4格	den Mann	die Frau	das Kind

 ポイント

● 男性名詞・中性名詞の2格には，名詞直後に -s もしくは -es がつきます。

 確認練習 ❶　空欄に適切な定冠詞を入れましょう。

1)　（　　　　　　）Rock ist teuer.　「そのスカートは高い。」(Rock m.)

2)　（　　　　　　）Tasche ist billig.　「そのカバンは安い。」(Tasche f.)

3)　（　　　　　）Haus（　　　　　　）Mannes ist sehr groß.
　　　　　　　　　　　「その男性の家はとても大きい。」(Haus n.)

4)　Wir antworten（　　　　　　）Lehrer.　「私たちはその男性教師に答えます。」
　　　　　　　　　　　　　　　　　（antworten「3格に答える」）

5)　（　　　　　　）Mädchen hat（　　　　　　）Computer.

　　　　　　　　　　　「その女の子はそのパソコンをもっています。」
　　　　　　　　　　　（Mädchen n., Computer m.）

Mini-Dialog 1　②-4

日本語に訳してみましょう。

Mia:　　Was machst du jetzt?

Felix:　Ich helfe dem Mädchen. Es sucht die Post.

Mia:　　Du bist sehr nett. Ist das die Post?

Felix:　Nein, das ist das Rathaus. Was ist das Gebäude?

Mia:　　Ich glaube, das ist der Hauptbahnhof.

❹ 不定冠詞と名詞の格変化  ①-15

　ドイツ語の《不定冠詞》は，話し手や聞き手にとって特定されていないと判断される名詞と結びつき，「ある〜」を意味します。文脈により「一つの」という意味になることもあります。

不定冠詞の格変化

	男性		女性		中性	
1格	ein	Mann	eine	Frau	ein	Kind
2格	eines	Mannes	einer	Frau	eines	Kindes
3格	einem	Mann	einer	Frau	einem	Kind
4格	einen	Mann	eine	Frau	ein	Kind

ポイント

● 男性名詞・中性名詞の2格には，名詞直後に -s もしくは -es がつきます。

確認練習 ❷　空欄に適切な不定冠詞を入れましょう。

1) Das Mädchen kauft （　　　　　　　） Kugelschreiber.
　　「その女の子は一本のボールペンを買います。」(Kugelschreiber *m.*)

2) Haben Sie （　　　　　　　） Auto?　　「車を持っていますか？」(Auto *n.*)

3) Der Lehrer hat （　　　　　　　） Sohn.　「その先生は息子が一人います。」(Sohn *m.*)

4) Mia liebt （　　　　　　　） Japaner.　　「ミアはある日本人男性を愛しています。」
　　（lieben「4格を愛する」）

5) Die Verkäuferin hat auch （　　　　　　　） Tochter.
　　「その販売員の女性にも娘が一人います。」(Tochter *f.*)

Mini-Dialog ❷ ②-5

日本語に訳してみましょう。

Angela: Hast du einen Hund?

Can:　　Ja, ich habe einen Hund.

Angela: Hast du auch eine Katze?

Can:　　Ja, ich habe auch eine Katze.

Angela: Hast du vielleicht auch ein Pferd?

Can:　　Ja, ich habe ein Pferd.

❺ 疑問代名詞werとwas

疑問代名詞werとwasも格変化します。werはひとについて尋ねるとき，wasはモノについて尋ねるときに用います。

1格	wer	was
2格	wessen	-
3格	wem	-
4格	wen	was

1格	Wer spielt gut Klavier?	「誰が上手にピアノを弾くの？」
1格	Wer sind sie?	「彼らは誰なの？」
1格	Was ist das?	「これは何ですか？」
2格	Wessen Auto ist das? – Das ist das Auto des Mannes.	「これは誰の車ですか？」 「これはあの男性の車です。」
3格	Wem schenkst du das Buch? – Ich schenke dem Mann das Buch.	「誰にその本をプレゼントするの？」 「私はあの男性にその本をあげます。」
4格	Wen besucht die Frau heute? / Ich besuche den Mann.	「その女性は今日誰を訪ねるのですか？」/ 「私はその男性を訪ねます。」
4格	Was kaufen Sie heute?	「あなたは今日何を買うのでしょうか？」

 確認練習 ❸ 空欄に適切な疑問代名詞（wer，was）を入れましょう。そして下線部を尋ねる疑問文をつくりましょう。

1) Timo kommt heute nicht. → ( ) kommt heute nicht?

2) Angela liebt einen Japaner. → ( ) liebt Angela?

3) Das ist ein Tisch. → ( ) ist das?

4) Du schenkst der Frau einen Kuchen. → ( ) schenkst du einen Kuchen?

5) Er findet die Tasche der Studentin. → ( ) Tasche findet er?

日本語に訳してみましょう。

Jürgen: Wie findest du den Englischkurs?

Zoe:　　Ich finde den Kurs sehr interessant.

Jürgen: Wer besucht den Kurs?

Zoe:　　Timo und Janka. Was lernst du?

Jürgen: Ich lerne Japanisch. Ich finde den Kurs toll.

Wortschatz 1 ②-41

家族に関する言葉

der Vater	父	der Großvater	祖父	der Sohn	息子
der Bruder	兄・弟	der Onkel	おじ	der Neffe	甥
die Mutter	母	die Großmutter	祖母	die Tochter	娘
die Schwester	姉・妹	die Tante	おば	die Nichte	姪
das Kind	子ども	das Ehepaar	夫婦	die Familie	家族
die Eltern	両親	die Großeltern	祖父母	die Geschwister	兄弟姉妹

注） die Eltern（両親），die Großeltern（祖父母），die Geschwister（兄弟姉妹）は複数形で使います。

Ⅰ 空欄に適切な定冠詞または不定冠詞を入れましょう。

1) (　　　　　　　　　) Lehrerin ist streng.

「その先生は厳しいです。」

2) Ist (　　　　　　　) Handy teuer?

「その携帯電話は高いですか？」

3) (　　　　　　　) Katze (　　　　　　　　) Frau heißt Luna.

「その女性の猫はLunaという名です。」

4) (　　　　　　　) Mann kauft (　　　　　　　) Uhr.

「その男性は腕時計を一つ買います。」

5) (　　　　　　　) Kind bringt (　　　　　　　) Lehrerin (　　　　　　　) Buch.

「一人の子どもがその先生（女性）に本を一冊持ってきます。」

6) Thomas sucht jetzt (　　　　　　　) Hund.

「トーマスは今その犬を探しています。」

7) Janka besucht morgen (　　　　　　　) Japanerin.

「ヤンカは明日ある日本人女性を訪問します。」

8) Ich kenne (　　　　　　　) Mädchen.

「私はその女の子を知っています。」

Ⅱ 下線部に適切な語を入れましょう。

1) Die Mutter kauft ＿＿＿＿＿ ＿＿＿＿＿ ＿＿＿＿＿ ＿＿＿＿＿.

「そのお母さんはその子どもにボールペン(Kugelschreiber *m.*)を一本買います。」

2) Ich kenne ＿＿＿＿＿ ＿＿＿＿＿.

Hier ist ＿＿＿＿＿ Haus ＿＿＿＿＿ ＿＿＿＿＿.

「私はある教授(Professor *m.*)を知っています。その教授の家はこちらです。」

3) ＿＿＿＿＿ schenkst du das Buch?

「君は誰にその本をプレゼントするのですか？」

4) ＿＿＿＿＿ schenken wir der Musikerin?

「何をその音楽家にプレゼントしようか？」

人称代名詞，名詞の複数形

❶ 人称代名詞  ①-17

人称代名詞とは，話し手（1人称），聞き手（2人称），第三者（3人称）を表す代名詞です。この課では3格と4格の形を学びます。

単数						
	1人称	2人称（親称）	2人称（敬称）	3人称		
1格	ich	du	Sie	er	sie	es
3格	mir	dir	Ihnen	ihm	ihr	ihm
4格	mich	dich	Sie	ihn	sie	es

複数						
	1人称	2人称（親称）	2人称（敬称）	3人称		
1格	wir	ihr	Sie	er	sie	es
3格	uns	euch	Ihnen	ihm	ihr	ihm
4格	uns	euch	Sie	ihn	sie	es

3格	Ich schreibe dir.	「君に手紙を書くよ。」

3格	Wie geht es Ihnen?	「ご機嫌いかがですか？」

4格	Wir sehen euch morgen.	「明日，私たちは君たちに会うよ。」

3格	Das Kind dankt der Mutter.	「その子どもは母親に感謝する。」
	Das Kind dankt ihr.	「その子どもは彼女に感謝する。」

💡 ポイント

● 3人称の人称代名詞は，ひとかモノかではなく，それが指す名詞の性と対応させて使用します。

4格	Der Student besucht die Lehrerin.「その学生はその教師を訪ねる。」
	→ Er besucht sie. 「彼は彼女を訪ねる。」
4格	Besuchst du den Dom dort? – Ja, ich besuche ihn.
	「あそこの聖堂に行くの？」 「うん，行くよ。」
4格	Kaufst du die Tasche? – Ja, ich kaufe sie.
	「そのバッグを買うの？」 「うん，買うよ。」

✏️ 確認練習 ❶ 下線部に適切な人称代名詞を入れましょう。

1) Kennst du ＿＿＿＿＿＿＿? 「彼を知ってる？」

2) Ich danke ＿＿＿＿＿＿＿. 「君に感謝しているよ。」

3) Gehört das Buch ＿＿＿＿＿＿＿?　　　　　　「この本は君のものなの？」

4) Warum antwortet sie ＿＿＿＿＿＿＿ nicht?　「なぜ彼女は私に返事をしないのか？」

5) Der Hund ist sehr groß. Wie findest du ＿＿＿＿＿＿＿?

　　　　　　　　　　　　　　　　　　　　　　「あの犬はとても大きいね。君はどう思う？」

Mini-Dialog　1　②-7

日本語に訳してみましょう。

Hanna:	Guten Tag! Ich suche einen Rock.
Verkäufer:	Wie finden Sie den Rock hier?
Hanna:	Er ist nicht schlecht.
Verkäufer:	Er passt Ihnen sehr gut.
Hanna:	Danke sehr. Ich nehme ihn.

3格目的語と4格目的語の語順

1) いずれの目的語も普通名詞句の場合には，先に3格，後に4格が続きます。

Ich gebe der Frau das Buch.　　　　　「私はその女性にその本を渡す。」

2) いずれの目的語も人称代名詞の場合には，先に4格，後に3格が続きます。

Ich gebe es ihr.　　　　　　　　　　　「私は彼女にそれを渡す。」

3) どちらか一方が人称代名詞の場合には，格にかかわらず先に人称代名詞，後に普通名詞句が続きます。

Ich gebe ihr das Buch.　　　　　　　　「私は彼女にその本を渡す。」
Ich gebe es der Frau.　　　　　　　　　「私はその女性にそれを渡す。」

✎ **確認練習　2**　指示に従って全文を書き換えましょう。

1) Die Kinder kaufen der Mutter Blumen. 「その子たちは母親に花を買う。」

　　i) der Mutter を人称代名詞に。

　　＿＿＿＿＿＿＿＿＿＿＿＿＿＿＿＿＿＿＿＿＿＿＿＿＿＿＿＿＿＿

　　ii) Blumen を人称代名詞に。

　　＿＿＿＿＿＿＿＿＿＿＿＿＿＿＿＿＿＿＿＿＿＿＿＿＿＿＿＿＿＿

　　iii) der Mutter と Blumen を人称代名詞に。

　　＿＿＿＿＿＿＿＿＿＿＿＿＿＿＿＿＿＿＿＿＿＿＿＿＿＿＿＿＿＿

2) Er schickt dem Freund ein Paket. 「彼は友人に小包を送る。」

   i)   dem Freund を人称代名詞に。

_____

   ii) ein Paket を人称代名詞に。

_____

   iii) dem Freund と ein Paket を人称代名詞に。

_____

Mini-Dialog 2

日本語に訳してみましょう。

Timo: Was machst du?

Janka: Ich schreibe Sabine eine Postkarte. Ich schicke sie ihr.

             Morgen hat sie Geburtstag. Was schenkst du ihr?

Timo: Ich schenke ihr Mangas. Das sind die Mangas.

---

❷ 名詞の複数形 ①-18

　ドイツ語の名詞の複数形は，単数形に語尾をつけてつくられます。その語尾は5種類あり，どの語尾がつくかは語によって決まっています。

複数形の語尾	ウムラウトなし	ウムラウトあり
無語尾	Lehrer → Lehrer	Tochter → Töchter
-e	Tag → Tage	Sohn → Söhne
-er	Kind → Kinder	Buch → Bücher
-(e)n	Frau → Frauen	
-s	Auto → Autos	

注） 男性（女性/中性）名詞ならば必ずこの語尾になるといった規則はありません（-chen で終わる名詞は無語尾，-ung，-heit で終わる名詞は –(e)n など，接尾辞から判断できることはあります）。

注） -(e)n は，語幹が -e で終わる場合，発音の都合上 -en ではなく -n が語尾となります（Tasche → Taschen「かばん」など）。

注） 女性形接尾辞 -in がついた語の複数形は，-nen になります（Freundinnen「友達」，Lehrerinnen「教師」など）。

注） この他に，ラテン語やギリシャ語からの借用語の中には，上記以外の複数形をつくる語（Museum → Museen「博物館・美術館」など）があります。

 **ポイント**

● 複数形の語幹の母音はウムラウトする場合があります。

● -(e)n や -s の語尾がつく語がウムラウトすることはありません。

複数の名詞は《性》を区別しません。複数形の格変化は次の表の通りです。

	無語尾 -	-e	-er	-(e)n	-s
die	Lehrer	Söhne	Kinder	Frauen	Autos
der	Lehrer	Söhne	Kinder	Frauen	Autos
den	Lehrern	Söhnen	Kindern	Frauen	Autos
die	Lehrer	Söhne	Kinder	Frauen	Autos

注） 不特定の名詞の複数形は無冠詞になります。

 **ポイント**

● 3格のとき，無語尾，-e，-erの語尾がつく名詞は，これらの複数語尾の後ろに-n がつきます。

 **確認練習 3** （　　）の複数形語尾のヒントをたよりに，以下の名詞を複数形にしてみましょう。定冠詞もつけて答えましょう。

1) das Mädchen (-) 　_____

2) die Mutter (¨) 　_____

3) der Hund (-e) 　_____

4) das Handy (-s) 　_____

5) die Studentin (-nen) 　_____

6) der Mann (¨er) 　_____

7) der Satz (¨e) 　_____

8) der Apfel (¨) 　_____

9) die Hausaufgabe (-n) 　_____

10) die Schwester (-) 　_____

男性弱変化名詞

　男性弱変化名詞というグループの名詞は，単数1格のとき以外に語尾 -(e)n を伴います。Student「学生」，Junge「少年」，Patient「患者」，Löwe「ライオン」，Hase「ウサギ」などがあります。

	単数	複数
1格	der Student	die Studenten
2格	des Studenten	der Studenten
3格	dem Studenten	den Studenten
4格	den Studenten	die Studenten

例1) Der Student kommt aus München. 「その学生はミュンヘン出身です。」

例2) Die Studenten mögen Mathematik. 「その学生たちは数学が好きです。」

例3) Die Bücher des Studenten sind neu. 「その学生の本は新しい。」

例4) Die Hefte der Studenten sind schmutzig. 「その学生たちのノートは汚い。」

例5) Der Lehrer schreibt dem Studenten eine E-Mail.
「その教師はその学生にメールを書きます。」

例6) Wir besuchen den Studenten. 「私たちはその学生を訪ねます。」

確認練習 4 下線部に適切な定冠詞と名詞を入れましょう。

1) Die ＿＿＿＿＿＿ treffen ＿＿＿ ＿＿＿＿＿. 「ウサギたちがそのライオンに遭遇する。」

2) ＿＿＿ ＿＿＿＿＿ verfolgt den ＿＿＿＿＿. 「そのライオンがウサギを追いかける。」

3) Die Ärzte operieren ＿＿＿ ＿＿＿＿＿. 「その医者たちがその患者を手術する。」

Mini-Dialog 3 ②-9

日本語に訳してみましょう。

Leon: Was kaufst du heute?

Jasmin: Heute kaufe ich Äpfel, Birnen, Kartoffeln, Eier und Brötchen.

Leon: Du kaufst aber sehr viele Sachen!

Jasmin: Ja, ich koche und esse mit meinen Mitbewohnerinnen.

Ⅰ 下線部に適切な人称代名詞を入れましょう。

1) Kennst du die Lehrerin? – Ja, ich kenne _____.
「その先生を知っている？」「はい，知っています。」

2) Siehst du morgen Anton und Lotte? – Ja, morgen sehe ich _____.
「明日，アントンとロッテに会うの？」「はい，明日会います。」

3) Schenkst du Thomas das Fahrrad? – Ja, ich schenke _____ _____.
「君はトーマスにあの自転車をあげるの？」「はい，彼にそれをあげます。」

4) Gehört das Auto den Eltern? – Ja, es gehört _____.
「この車は両親のものなの？」「はい、それは両親のものです。」

Ⅱ 指示に従って全文を書き換えましょう。

1) Die Mutter schenkt dem Vater eine Krawatte.

i) dem Vater を人称代名詞に。

_____

ii) eine Krawatte を人称代名詞に。

_____

2) Der Vater kauft dem Kind das Geschenk.

i) dem Kindを人称代名詞に。

_____

ii) das Geschenk を人称代名詞に。

_____

3) Die Kinder schreiben den Großeltern einen Brief.

i) den Großeltern を人称代名詞に。

_____

ii) einen Brief を人称代名詞に。

_____

iii) den Großeltern と einen Brief を人称代名詞に。

_____

Ⅲ 下線部に適切な名詞の複数形を入れましょう。

1) Hier parken viele _____. 「ここにはたくさんの車が駐車している。」

2) Ich sehe heute ein paar _____. 「私は今日何人かの友達に会う。」

3) Er dankt den _____. 「彼はその男性教師たちに感謝している。」

4) Die _____ des _____ sind süß.
「その同僚（Kollege: 男性弱変化名詞）の娘たちはかわいい。」

動詞の現在人称変化Ⅱ，命令形

❶ 不規則変化動詞 ①-19

　動詞のなかには，主語がduまたはer/sie/esの場合，語幹の母音が変化するものがあります。これらの動詞を《不規則変化動詞》といいます。母音の変化タイプに応じて，1) a → ä, 2) e → i, 3) e → ieの3つのパターンに分類することができます。

1) a→ä

fahren「乗り物で行く」を例に見てみましょう。

主語	fahren
ich	fahre
du	fährst
er/sie/es	fährt
wir	fahren
ihr	fahrt
sie/Sie	fahren

　語幹の母音aがäに変化するのは主語がduまたはer/sie/esのときだけです。fahrenのほか，schlafen「眠る」，tragen「身に付けている」などがあります。

2) e→i

sprechen「話す」，essen「食べる」，nehmen「取る」を例に見てみましょう。

主語	sprechen	essen	nehmen
ich	spreche	esse	nehme
du	sprichst	isst	nimmst
er/sie/es	spricht	isst	nimmt
wir	sprechen	essen	nehmen
ihr	sprecht	esst	nehmt
sie/Sie	sprechen	essen	nehmen

　語幹の母音eがiに変化するのは，主語がduまたはer/sie/esのときだけです。sprechen, essen, nehmenのほか，geben「与える」などがあります。なお，essenは語幹が-sで終わっているので，主語がduのとき，語尾-stからsが脱落します。その結果，du issstではなくdu isstになります。nehmenの変化は少し例外的なので，とくに注意してください。

3) e→ie

lesen「読む」を例に見てみましょう。

主語	lesen
ich	lese
du	liest
er/sie/es	liest
wir	lesen
ihr	lest
sie/Sie	lesen

語幹の母音eがieに変化するのは，lesenのほか，sehen「見る」などがあります。なお，lesenは語幹が-sで終わっているので，主語がduのとき，語尾-stからsが脱落します。その結果，du liesstではなくdu liestになります。

 確認練習 ❶ （ ）の動詞を現在人称変化させて下線部に入れましょう。

1) Thomas ＿＿＿＿＿＿＿ nach Österreich. (fahren)「トーマスはオーストリアへ行く。」

2) ＿＿＿＿＿＿＿ du noch? (schlafen) 「まだ寝てるの？」

3) Das Mädchen ＿＿＿＿＿＿＿ gut Französisch. (sprechen)
   「その女の子はフランス語を上手に話す。」

4) Was ＿＿＿＿＿＿＿ du gern? (essen) 「好きな食べ物は何？」

5) Die Studentin ＿＿＿＿＿＿＿ gern Bücher. (lesen)「その学生は読書家です。」

6) Der Lehrer ＿＿＿＿＿＿＿ uns Chemie. (geben) 「その先生は私たちの化学の先生です。」

Mini-Dialog 1 ②-10

日本語に訳してみましょう。

Janka: Fährst du gern Rad?

Timo: Ja, sehr gerne! Und du?

Janka: Nein, gar nicht.

Timo: Stimmt. Du nimmst ja immer den Bus.

❷ 命令形  ①-20

2人称の相手に対し，お願いや命令をするときは，動詞の形を変化させます。その変化の形は，呼びかける相手が単数か複数か，親称か敬称かによって異なります。

不定形	duに対して	ihrに対して	Sieに対して
gehen	Geh[e]!	Geht!	Gehen Sie!
arbeiten	Arbeite!	Arbeitet!	Arbeiten Sie!
schlafen	Schlaf[e]!	Schlaft!	Schlafen Sie!
essen	Iss!	Esst!	Essen Sie!
sehen	Sieh!	Seht!	Sehen Sie!

ポイント

● duに対する命令では語幹に-eを，ihrに対する命令では語幹に-tをつけます。主語は必要ありません。duに対する命令の-eは省略されることが多いです。
● ただし，duやihrに対して，《口調上のe》は省略しません（Arbeite! / Arbeitet! など）。
● 不規則変化動詞のうち，a → äの動詞の母音は変化せずaのままです。
● 不規則変化動詞のうち，e → iとe → ieの動詞の母音は，duに対する命令形でも変化します。これらの動詞の命令形では，語尾に-eをつけません。
● 敬称のSieに対して命令やお願いをするときは動詞から始まりますが，-en Sieというふうに，主語Sieを明示します。bitteを加えるとより丁寧な表現になります。(Nehmen Sie bitte Platz! 「どうぞお座りください！」)

確認練習 ❷ 以下の表現を用いてdu, ihr, Sieに対する命令文を作り，下線部に入れましょう。

1) pünktlich kommen 「時間通りに来る」

du → ＿＿＿＿＿＿ ＿＿＿＿＿＿!

ihr → ＿＿＿＿＿＿ ＿＿＿＿＿＿!

Sie → ＿＿＿＿＿＿ ＿＿＿＿＿＿ bitte ＿＿＿＿＿!

2) mir das Salz geben（e→i）「私に塩を渡す」

du → ＿＿＿＿＿ ＿＿＿＿＿ ＿＿＿＿＿ ＿＿＿＿＿!

ihr → ＿＿＿＿＿ ＿＿＿＿＿ ＿＿＿＿＿ ＿＿＿＿＿!

Sie → ＿＿＿＿＿ ＿＿＿＿＿ ＿＿＿＿＿ ＿＿＿＿＿

＿＿＿＿＿, bitte!

3) den Brief langsam lesen（e→ie）「その手紙をゆっくり読む」

du → _____ !

ihr → _____ _____ _____ _____ !

Sie → _____ _____ bitte _____ _____

_____ !

sein「…である」の命令形は特殊な変化をするので，とくに注意してください。

不定形	duに対して	ihrに対して	Sieに対して
sein	Sei …!	Seid …!	Seien Sie …!

✎ 確認練習 ❸ 以下の表現を用いてdu, ihr, Sieに対する命令文を作り，下線部に入れましょう。

1) ruhig sein 「静かにする」

du → _____ _____ !

ihr → _____ _____ !

Sie → _____ _____ _____ !

2) nicht traurig sein 「悲しまない」

du → _____ _____ _____ !

ihr → _____ _____ _____ !

Sie → _____ _____ bitte _____ _____ !

Mini-Dialog 2 ②-11

日本語に訳してみましょう。

Marie: Sei nicht traurig!

Armin: Lies mal diese E-Mail! Sie liebt mich nicht mehr.

Marie: Ach, vergiss sie!

Armin: Das ist schwer. Ich brauche noch Zeit.

注）diese(r)「この」は冠詞です。Lektion 5で詳しく学びます。

Ⅰ（　　）の動詞を現在人称変化させて下線部に入れましょう。そして和訳しましょう。

1) Der Lehrer _____ heute eine Krawatte. (tragen)

2) _____ du gern Filme? (sehen)

3) _____ du gut? (schlafen)

4) Der Politiker _____ immer sehr schnell. (sprechen)

5) Wohin _____ du heute? (fahren)

6) _____ du gern Pizza? (essen)

7) Was _____ du jetzt? (lesen)

8) Ich nehme den Bus, aber er _____ ein Taxi. (nehmen)

9) _____ dir das Auto?   (gefallen)

10) Die Lehrerin _____ dem Kind das Buch. (empfehlen)

Ⅱ 以下の表現を用いてdu, ihr, Sieに対する命令文を作り，下線部に入れましょう。

1) fleißig Deutsch lernen 「まじめにドイツ語を勉強する」

du → _____ _____ _____!

ihr → _____ _____ _____!

Sie → _____ _____ bitte _____ _____!

2) die Tür öffnen 「そのドアを開ける」

du → _____ _____ _____!

ihr → _____ _____ _____!

Sie → _____ _____ bitte _____ _____!

3) nicht den Kuchen essen 「そのケーキを食べない」

du → _____ nicht _____ _____!

ihr → _____ _____ _____ _____!

Sie → _____ _____ bitte _____ _____

_____!

4

国名・言語・国籍 I

国名		言語	男性	女性
ドイツ	Deutschland	Deutsch	Deutscher	Deutsche
オーストリア	Österreich	Deutsch	Österreicher	Österreicherin
スイス	die Schweiz	Deutsch / Französisch/ Italienisch / Rätoromanisch	Schweizer	Schweizerin
リヒテンシュタイン	Lichtenstein	Deutsch	Liechtensteiner	Liechtensteinerin
フランス	Frankreich	Französisch	Franzose	Französin
イタリア	Italien	Italienisch	Italiener	Italienerin
スペイン	Spanien	Spanisch	Spanier	Spanierin
イギリス	England	Englisch	Engländer	Engländerin
日本	Japan	Japanisch	Japaner	Japanerin

食べ物

das Brot	パン	die Butter	バター	das Eis	アイス
der Fisch	魚	das Fleisch	肉	das Gemüse	野菜
der Käse	チーズ	der Kuchen	ケーキ	das Obst	果物
der Salat	サラダ	die Schokolade	チョコ	die Suppe	スープ

飲み物

das Bier	ビール	die Cola	コーラ	der Kaffee	コーヒー
die Milch	ミルク	der Saft	ジュース	die Schorle	ショーレ
der Tee	お茶	das Wasser	水	der Wein	ワイン

注)「ショーレ」はジュースやワインの炭酸割。例えば，リンゴジュースの炭酸割りは，Apfelschorle もしくはApfelsaftschorle，ワインの炭酸割を Weinschorle といいます。

Lektion 5

冠詞類，否定文，応答表現

❶ 定冠詞類  ①-21

　定冠詞と同様の格変化をする冠詞のグループを《定冠詞類》といいます。男性の1格の形で下記の定冠詞類を覚えましょう。

aller「すべての」，dieser「この」，jeder「それぞれの」，mancher「かなりの」，welcher「どの」

注）そのほかの定冠詞類には，jener「あの」，solcher「そのような」などがあります。

定冠詞類の格変化

	男性	女性	中性	複数
1格	dieser Mann	diese Frau	dieses Kind	diese Kinder
2格	dieses Mann(e)s	dieser Frau	dieses Kind(e)s	dieser Kinder
3格	diesem Mann	dieser Frau	diesem Kind	diesen Kindern
4格	diesen Mann	diese Frau	dieses Kind	diese Kinder

ポイント

● 男性1格の形であるdieserの語尾-erが定冠詞と同じパターンで格変化します。

● ただし，中性1格と4格では，定冠詞の格変化とパターンが異なりますので，注意してください。

● dieser以外の他の定冠詞類の語尾も同様に変化します。

● 男性名詞・中性名詞の2格には，-sもしくは-esがつきます。

● 複数名詞の3格には，-nがつきます。

✎ 確認練習 ❶ 　下線部に適切な定冠詞類を入れましょう。

1) _____ Kind hat ein Smartphone. 「どの子もスマホを持っている。」

2) _____ Zug fährt nach Düsseldorf. 「この列車はデュッセルドルフ行きです。」

3) _____ Rock gefällt dir? 「どのスカートが気に入っているの？」

Mini-Dialog 1 ②-12

日本語に訳してみましょう。

Janka: Wie findest du diese Jacke?

Levi: Ist sie neu? Ich finde sie sehr toll.

Janka: Wie findest du diese Schuhe?

Levi: Die Schuhe? Ich finde sie toll.

Janka: Toll? Du sagst immer nur „toll"...

❷ 不定冠詞類（所有冠詞と否定冠詞） ①-22

不定冠詞と同様の格変化をする冠詞のグループを《不定冠詞類》といいます。不定冠詞類には，
《所有冠詞》と《否定冠詞》があります。まず所有冠詞の種類を覚えましょう。

1）所有冠詞

所有冠詞は，「私の」「君の」「彼の」「それの」などといった所有の意味を有する冠詞です。

私の	ich → mein	私たちの	wir → unser
君の	du → dein	君たちの	ihr → euer
あなたの	Sie → Ihr	あなたがたの	Sie → Ihr
彼の，それの	er → sein	彼らの，	
彼女の，それの	sie → ihr	彼女らの，	sie → ihr
それの	es → sein	それらの	

 ポイント

● 3人称の所有冠詞は，人称代名詞と同様に，ひとかモノかではなく，それが指す名詞の性と対応させて使
用します。

例1) Der Mann ist reich. Sein Haus ist groß. 「あの男性は金持ちだ。彼の家は大きい。」

例2) Der Hund ist süß. Sein Mund ist klein. 「あの犬はかわいい。その犬の口は小さい。」

例3) Meine Mutter ist Lehrerin. 「私のお母さんは教師です。」

例4) Mir gefällt diese Hose. Ihre Farbe ist schön. 「このズボンを気に入っています。その色がいい。」

不定冠詞類の格変化（mein「私の」）

	男性	女性	中性	複数
1格	mein　Mann	meine　Frau	mein　　Kind	meine　Kinder
2格	meines　Mann(e)s	meiner Frau	meines　Kind(e)s	meiner　Kinder
3格	meinem Mann	meiner Frau	meinem Kind	meinen Kindern
4格	meinen　Mann	meine　Frau	mein　　Kind	meine　Kinder

💡 ポイント

● 不定冠詞類の格変化のパターンは，不定冠詞einと同様です。ただし，複数の格変化のパターンは，定冠詞の複数（die/der/den/die）と同様です。

● 男性名詞・中性名詞の2格には，-sもしくは-esがつきます。

● 複数名詞の3格には，-nがつきます

✏️ 確認練習 **2**　下線部に適切な不定冠詞類を入れましょう。

1) ＿＿＿＿＿＿ Cousine Anna wohnt in Köln. 「私のいとこのアンナはケルンに住んでいます。」

2) ＿＿＿＿＿＿ Onkel ist reich. 　　　　　「私たちのおじさんは金持ちだ。」

3) Kennst du ＿＿＿＿＿＿ Mutter? 　　「君は彼女のお母さんを知っているの？」

4) Das ist das Fahrrad ＿＿＿＿＿＿ Vaters. 「これは彼のお父さんの自転車だよ。」

Mini-Dialog **2** 🎧 ②-13

日本語に訳してみましょう。

Elif:　Mein Onkel wohnt in Stuttgart.

Paul:　Meine Schwester ist auch in Stuttgart.

Elif:　Was macht deine Schwester dort?

Paul:　Sie ist Schriftstellerin. Ihre Bücher sind beliebt.

Elif:　Mein Onkel ist Dichter, aber niemand liest seine Gedichte.

2) 否定冠詞 kein

否定冠詞 kein は，名詞の直前に置かれ，結びついた名詞を否定します。kein を用いるのは，①不定冠詞がついた名詞を否定する場合，②無冠詞の名詞を否定する場合，だけです。

例1) Unser Vater hat ein Auto. Aber unsere Mutter hat kein Auto.
「私たちのお父さんは車を持っています。でもお母さんは持っていません。」

例2) Haben Sie Zeit? – Nein, ich habe leider keine Zeit.
「お時間ありますか？」「残念ながらありません。」

❸ nicht を用いた否定文

kein を用いないで否定文をつくるときには，《nicht》を用います。以下の例1) と2) のように形容詞や名詞を述語にとる場合には，述語の前に nicht を置きます。例3) のように nicht を文末に置くと，文全体を否定します。文の一部を否定する場合には，否定する語の直前に nicht を置きます。

例1) Dieser Mantel ist nicht alt. 「このコートは古くないよ。」
例2) Das ist nicht sein Haus. 「これは彼の家じゃないよ。」
例3) Der Bus kommt heute nicht. 「バスは今日来ません。」
例4) Ich kaufe das Auto nicht. 「私はこの車を買いません。」

❹ 応答表現

疑問詞を用いない疑問文に対しては，ja か nein で答える場合と，doch か nein で答える場合があります。ja か nein で答えさせる疑問文には否定の語がありません。一方，doch か nein で答えさせる疑問文には否定の語が含まれます。

例1)

Kommt deine Freundin heute? 「君の彼女は今日来るの？」
– Ja, sie kommt. 「はい，彼女は来ます。」
– Nein, sie kommt nicht. 「いいえ，彼女は来ませんよ。」

例2)

Kommt deine Freundin heute nicht? 「君の彼女は今日来ないの？」
– Doch, sie kommt. 「いいえ，彼女は来ますよ。」
– Nein, sie kommt nicht. 「はい，彼女は来ませんよ。」

✎ 確認練習 **3**　下線部に適切な語を入れましょう。

1) Mein Bruder hat ein Auto, aber ich habe ＿＿＿＿＿＿＿＿ Auto.

「私の兄には車があるけど，私は持ってないよ。」

2) Ich kaufe diese Tasche ＿＿＿＿＿＿＿＿.　「このカバンを買わない。」

3) Das ist ＿＿＿＿＿＿＿＿ mein Onkel.　「このひとは私のおじさんじゃないよ。」

4) Hast du ＿＿＿＿＿＿＿＿ Hunger? – ＿＿＿＿＿＿＿＿, ich habe Hunger.

「お腹すいてないの？」「いや，すいてるよ。」

Mini-Dialog 3 ②-14

日本語に訳してみましょう。

Omar:　Kennst du den Mann da?

Klara:　Ja, ich kenne ihn.

Omar:　Spielt er immer hier Gitarre?

Klara:　Nein, nicht immer. Er spielt nur samstags.

Omar:　Singt er nicht?

Klara:　Doch, er singt sehr gut.

Wortschatz 3 ②-43

曜日（すべて男性名詞）

Montag	月曜日	Dienstag	火曜日
Mittwoch	水曜日	Donnerstag	木曜日
Freitag	金曜日	Samstag	土曜日
Sonntag	日曜日	Feiertag	休日・祭日

Ⅰ 下線部に適切な定冠詞類を入れましょう。

1) ＿＿＿＿＿＿ Zimmer hat einen Balkon. 「それぞれの部屋にバルコニーがついています。」

2) ＿＿＿＿＿＿ Leute sind dafür. 「多くの人々がそれに賛成です。」

3) ＿＿＿＿＿＿ Kinder sind sehr lebhaft. 「子どもたち全員とても元気だね。」

4) ＿＿＿＿＿＿ Kuchen isst du? – ＿＿＿＿＿＿ Kuchen.

「どのケーキを食べるの？」「このケーキ。」

5) ＿＿＿＿＿＿ Woche habe ich Zeit. 「今週は暇だよ。」*

6) Ich lerne ＿＿＿＿＿＿ Tag Deutsch. 「毎日，ドイツ語を勉強します。」*

＊時に関する名詞の4格は文法上，副詞として機能します。

Ⅱ 適切な所有冠詞を下線部に入れましょう。

1) Das ist ＿＿＿＿＿＿ Familie. 「これが私の家族です。」

2) Ich danke ＿＿＿＿＿＿ Schwester. 「君のお姉さんに感謝しています。」

3) Wir besuchen morgen das Haus ＿＿＿＿＿＿ Onkels.

「私たちは明日彼女のおじさんの家を訪ねます。」

4) Ist das die Tasche ＿＿＿＿＿＿ Mutter?

「これは彼のお母さんのカバンですか？」

5) Wir reparieren ＿＿＿＿＿＿ Auto. 「私たちは私たちの車を修理します。」

6) Sind das ＿＿＿＿＿＿ Mangas? 「これらは君たちのマンガですか？」

7) Max ist der Sohn ＿＿＿＿＿＿ Bruders.

「マックスは私のお兄さんの息子です。」

8) Sabine schenkt ＿＿＿＿＿＿ Tochter den Tisch.

「ザビーネはあなたのご息女にあの机をプレゼントします。」

Ⅲ 下線部に適切な否定冠詞もしくはnichtを入れましょう。そして和訳しましょう。

1) Hast du ＿＿＿＿＿＿ Durst? – Doch, ich habe Durst.

2) Jacob kommt heute ＿＿＿＿＿＿.

3) Ich habe das Buch ＿＿＿＿＿＿.

4) Hast du ＿＿＿＿＿＿ Zeit?

Lektion 6 前置詞

❶ 前置詞の格支配  ①-25

　前置詞の後に続く名詞は，その前置詞によって格が決まります。これを《前置詞の格支配》といいます。1格支配の前置詞はありません。まずは以下の2格支配，3格支配，4格支配の前置詞を確認しましょう。

1) 2格支配の前置詞

statt 〜の代わりに	trotz 〜にもかかわらず	während 〜の間（期間）
wegen 〜という理由で		など

例1)　Trotz des Regens spielen die Kinder draußen.

「雨にもかかわらず，その子どもたちは外で遊ぶ。」

例2)　Während des Sommers bleibt er in Österreich.　「夏の間，彼はオーストリアにいる。」

例3)　Wegen des Unfalls kommt sie spät.　　　　　「事故のため，彼女は遅れて来る。」

2) 3格支配の前置詞

aus 〜から外へ	bei 〜のもとで	mit 〜と一緒に/〜を使って
nach 〜の後で/（地名）へ	seit 〜以来	von 〜から/〜について/〜の
zu 〜へ		など

例1)　Er geht aus dem Zimmer. 「彼は部屋から出る。」

例2)　Sie wohnt bei ihrer Tante. 「彼女はおばのもとで暮らしている。」

例3)　Das Kind spielt mit den Freunden. / Er fährt mit dem Bus.
　　　「その子どもは友達と一緒に遊ぶ。」/「彼はバスで行く。」

例4)　Nach der Mittagspause haben wir noch eine Vorlesung. / Sie fahren morgen nach Berlin.
　　　「昼休みの後にも講義がある。」/「彼らは明日ベルリンに行く。」

例5)　Seit zwei Jahren lerne ich Deutsch. 「2年前からドイツ語を学んでいます。」

例6)　Der Zug kommt von Frankfurt. / Sie sprechen von ihm. / eine Mutter von zwei Kindern
　　　「この電車はフランクフルトから来ている。」/「彼らは彼について話す。」/「二児の母」

例7)　Kommen Sie morgen zu mir.　　　　「明日，私のところに来てください。」

熟語的な用法

Ich gehe nach Hause. / Ich bin zu Hause. / Ich gehe zu Fuß.

「私は帰宅する。」　　　 / 「私は家にいる。」 　/ 「私は徒歩で行く。」

 確認練習 1 下線部に適切な3格支配の前置詞を入れましょう。

1) Er kommt _____ Wien. 「彼はウィーン出身だ。」

2) _____ dem Essen trinken wir Tee. 「食後にお茶を飲む。」

3) Die Äpfel fallen _____ den Bäumen. 「リンゴが木から落ちる。」

4) Potsdam liegt _____ Berlin. 「ポツダムはベルリンの近郊にある。」

5) Wann kommst du _____ meinen Eltern? 「いつ私の両親のところに行くの？」

Mini-Dialog 1 ②-15

日本語に訳してみましょう。

Luis: Wir machen morgen eine Party bei mir! Kommst du?

Frida: Ja, gerne.

Luis: Super! Mit wem kommst du?

Frida: Mit meiner Schwester. Wie kommen wir zu dir?

Luis: Zuerst fahrt ihr mit dem Bus zu der Uni und geht dann zu Fuß.

6

---

3) 4格支配の前置詞

durch ～を通って	für ～のために	gegen ～に対して／（～時）頃に
ohne ～なしに	um ～の周りに／～時に	など

例1) Wir gehen durch den Park. 「私たちは公園を通って行く。」

例2) Er arbeitet für seine Familie. 「彼は家族のために働く。」

　　 Ich bin für ihn. 「私は彼に賛成です。」

例3) Sie kommt gegen drei Uhr. 「彼女は3時ごろ来る。」

　　 Ich bin gegen ihn. 「私は彼に反対です。」

例4) Ich trinke Kaffee ohne Milch. 「ミルク抜きでコーヒーを飲む。」

例5) Um den Vater sitzen seine Kinder. / Sie kommt um drei Uhr.

　　 「お父さんの周りに子どもたちが座っている。」／「彼女は3時に来る。」

1) _____ deine Hilfe mache ich die Hausaufgaben. 「君の助けなしで宿題をする。」

2) _____ meine Kinder backe ich einen Kuchen. 　「娘のためにケーキを焼く。」

3) Fahren Sie bitte _____ den Bahnhof und _____ die Schillerstraße!

「駅は迂回して，シラー通りを通ってください！」

4) _____ wen kaufst du den Ring? 「その指輪，誰に買うの？」

Mini-Dialog 2 　②-16

日本語に訳してみましょう。

Anton: Der Professor kommt immer sehr spät.

Lea: 　Wann beginnt seine Vorlesung?

Anton: Eigentlich um 13 Uhr, aber normalerweise kommt er
gegen 13 Uhr 15.

Lea: 　Was macht ihr ohne ihn?

Anton: Schlafen, mit dem Handy spielen, für die Prüfung lernen ...

注)「数字表現―基数」については Wortschatz 6 を，「時刻表現」については《巻末付録》を参照してください。

4) 3・4格支配の前置詞

以下の9つの前置詞は，3格に支配される場合と，4格に支配される場合があります。これら9つの前置詞は日常的にもよく用いられます。

an 〜に接して	auf 〜の上（接触有）	hinter 〜の後ろ
in 〜の中	neben 〜の隣	über 〜の上方（接触無），〜について
unter 〜の下	vor 〜の前	zwischen 〜の間

注)「〜について」の意味で用いるüberは4格をとります。

例1) **Das Buch steht auf dem Tisch.** 　　本は机の上にある。
例2) **Ich stelle das Buch auf den Tisch.** 　私は本を机の上に置く。

例1) のように，《場所》（静止状態）を表す場合は3格支配，例2) のように《方向・目的地》（動作・移動）を表す場合は4格支配になります。一緒に用いる動詞の性質に注目してみましょう。

✎ 確認練習 ❸ 下線部に適切な3・4格支配の前置詞と定冠詞を入れましょう。

1) Das Heft liegt _____ _____ Tisch.

「ノートは机の上にある。」

2) Das Bild hängt _____ _____ Wand.

「その絵は壁にかかっている。」

3) Er hängt das Bild _____ _____ Wand.

「彼はその絵を壁にかける。」

4) Stellen Sie bitte das Sofa _____ _____ Tisch.

「ソファーをテーブルの横に置いてください。」

5) Die Katze springt _____ _____ Kiste.

「ネコが箱の中に飛びこむ。」

6) Die Bäckerei ist _____ _____ Apotheke und _____ Hotel.

「パン屋は薬局とホテルの間にある。」

7) Ben liest den Artikel _____ _____ Umweltschutz.

「ベンは環境保護の記事を読んでいます。」

Mini-Dialog **3** ②-17

日本語に訳してみましょう。

Malik: Hilf mir bitte! Stelle die Bücher in das Regal und leg die Äpfel auf den Esstisch, bitte.

Franziska: Ja, gerne. Stelle ich diese Flaschen in den Kühlschrank?

Malik: Nein, neben den Kühlschrank.

Franziska: Wohin hänge ich diese Lampe?

Malik: Über das Sofa, bitte.

❷ 前置詞と定冠詞の融合形 ①-26

前置詞と定冠詞とが結びついて一語になる場合があります。主な融合形は以下の通りです。

an + dem → am	an + das → ans	in + dem → im	in + das → ins
von + dem → vom	zu + dem → zum	zu + der → zur	など

融合形があるにも関わらず，融合せずに前置詞と定冠詞を分けて使うと，冠詞にアクセントが置かれ指示性が強まります。

例1）　Ich gehe ins Kino. 　　「私は映画を見に行く。」
例2）　Ich gehe in das Kino. 　「私はその映画館に行く。」

✏ 確認練習 ④　下線部に適切な前置詞と定冠詞の融合形を入れましょう。

1) Stellen Sie bitte den Tisch _____ Fenster. 「その机を窓際に置いてください。」

2) Ich gehe heute _____ Arzt. 　　　　　　　「私は今日医者に行きます。」

3) Der Junge fährt mit dem Taxi _____ Bahnhof.

　　　　　　　　　　　　　　　　　　　　　　　「その少年はタクシーで駅に行きます。」

4) Die Butter ist _____ Kühlschrank. 　　「バターは冷蔵庫の中にあります。」

Wortschatz 4 ②-44

場所・建物

der Bahnhof	駅	die Bank	銀行	die Bibliothek	図書館
das Kino	映画館	die Kirche	教会	das Museum	博物館 美術館
die Oper	オペラ座	der Park	公園	die Post	郵便局
das Rathaus	市役所	das Restaurant	レストラン	die Schule	学校
der Supermarkt	スーパー	das Theater	劇場	die Universität	大学

Ⅰ 下線部に適切な前置詞と定冠詞を入れましょう。また空欄には前置詞と定冠詞の融合形を入れましょう。

1) ＿＿＿＿＿＿ ＿＿＿＿＿ Sommerferien wohnt er ＿＿＿＿＿＿＿ seiner Tante.
　　「夏休みの間，彼はおばのもとで暮らします。」

2) Meine Freunde kommen ＿＿＿＿＿＿10 Uhr ＿＿＿＿＿＿ mir.
　　「友達は10時頃に私のところに来る。」

3) Ich gehe immer ＿＿＿＿＿＿ Fuß (　　　) Uni. 「いつも歩いて大学に行きます。」

4) Er nimmt das Buch ＿＿＿＿ ＿＿＿＿ Tasche. 「彼はかばんから本を取り出す。」

5) Sie fährt ＿＿＿＿ 6 Uhr ＿＿＿＿ ＿＿＿＿ Bus von Regensburg ＿＿＿＿ Prag.
　　「彼女は6時にバスでレーゲンスブルクからプラハに行きます。」

6) Ich gehe morgen Abend ＿＿＿＿＿ meiner Freundin (　　　) Theater.
　　「明日の晩は彼女と一緒に芝居を見に行くよ。」

7) Wien liegt ＿＿＿＿ ＿＿＿＿ Donau und Köln (　　　) Rhein. [Donau *f.*/Rhein *m.*]
　　「ウィーンはドナウ河の，ケルンはライン河のほとりにあります。」

8) Die Kinder laufen ＿＿＿＿＿ den Wald. 　　「子どもたちは森を駆け抜けている。」

9) ＿＿＿＿＿ drei Tagen habe ich Fieber. 　　「3日前から熱があります。」

10) ＿＿＿＿ ＿＿＿＿ Wetters geht es uns nicht gut. 「天気のせいで調子が良くない。」

11) Heute bleibe ich ＿＿＿＿＿ Hause. 　　「今日は家にいるよ。」

12) ＿＿＿＿＿ ＿＿＿＿＿ Regens spielen wir Tennis.
　　「雨にもかかわらず，私たちはテニスをします。」

Ⅱ 下線部に適切な前置詞と定冠詞を入れましょう。また空欄には前置詞と定冠詞の融合形を入れましょう。

1) Stellen Sie die Lampe ＿＿＿＿＿ ＿＿＿＿＿ Bett.
　　– Sie steht schon ＿＿＿＿＿ ＿＿＿＿＿ Bett.
　　「ベッドの隣にランプを置いてください。」「もうベッドの隣にありますよ。」

2) Stellen Sie den Stuhl ＿＿＿＿＿ ＿＿＿＿＿ Tisch.
　　– Er steht schon ＿＿＿＿＿ ＿＿＿＿＿ Tisch.
　　「机の前にいすを置いてください。」「もう机の前にありますよ。」

3) Stellen Sie das Bücherregal ＿＿＿＿＿ ＿＿＿＿＿ Tisch und ＿＿＿＿＿ Tür.
　　– Es steht schon ＿＿＿＿＿ ＿＿＿＿＿ Tisch und ＿＿＿＿＿ Tür.
　　「机とドアの間に本棚を置いてください。」「もう机とドアの間にありますよ。」

4) Stellen Sie die Bücher ＿＿＿＿＿ ＿＿＿＿＿ Bücherregal.
　　– Sie stehen schon (　　　　) Bücherregal.
　　「本を本棚の中に入れてください。」「もう本棚の中にありますよ。」

話法の助動詞，未来形

❶ 話法の助動詞の種類

「…することができる」「…してはいけない」など，動詞の意味にニュアンスをつけ，動詞の意味をアシストする助動詞には，以下のものがあります。

dürfen	…してもよい，（nichtとともに用いて）…してはいけない
können	…することができる，…かもしれない
müssen	…しなければいけない，…に違いない
sollen	…するべきだ
wollen	…するつもりだ
mögen	…かもしれない
möchten	…したい

注）möchtenは厳密に言うと不定形ではないですが，ここでは便宜上，他の助動詞と同じように扱います。

❷ 話法の助動詞の人称変化 ①-27

助動詞もまた，主語に応じて形が変化します。とくに主語が単数のときの変化には，注意してください。

	dürfen	können	müssen	sollen	wollen	mögen	möchten
ich	darf	kann	muss	soll	will	mag	möchte
du	darfst	kannst	musst	sollst	willst	magst	möchtest
er/sie/es	darf	kann	muss	soll	will	mag	möchte
wir	dürfen	können	müssen	sollen	wollen	mögen	möchten
ihr	dürft	könnt	müsst	sollt	wollt	mögt	möchtet
sie/Sie	dürfen	können	müssen	sollen	wollen	mögen	möchten

 ポイント

● 通常の動詞と違い，話法の助動詞は，主語がichの場合とer/sie/esの場合の形がまったく同じです。主語がduの場合は，その語幹に語尾 -st（ただしmüssenは -tのみ）をつけます。

　人称変化した，つまり定形となった話法の助動詞は，文の1番目か2番目の定動詞の位置に置かれます。それに対し本動詞は不定形のまま，文末に置かれます。動詞の仲間が文の定動詞の位置と文末に置かれ，文を囲むこの形を《枠構造》といいます。それぞれの助動詞で見てみましょう。

例1) Du darfst hier dein Auto parken. 　　　　「ここに車を停めてもいいよ。」

例2) Er kann Deutsch sprechen. 　　　　　　「彼はドイツ語を話すことができる。」

例3) Wir müssen heute Englisch lernen. 　　　「今日は英語を勉強しなきゃいけない。」

例4) Der Mann muss ihr Vater sein. 　　　　　「あの男は彼女の父親に違いない。」

例5) Soll ich früh ins Bett gehen? 　　　　　　「早く寝た方がいいですか？」

例6) Ich will Geschichte studieren. 　　　　　「歴史学を専攻するつもりです。」

例7) Der Mann mag mich kennen. 　　　　　「その男は私を知っているかもしれない。」

例8) Möchtet ihr Kaffee trinken? 　　　　　　「コーヒー飲みたい？」

✎ 確認練習 ❶ 　（　　）の助動詞を現在人称変化させて，以下の文を書き換えましょう。
　　　　　　　　　　そして和訳しましょう。

⑦

1) In diesem Kino essen wir nicht. (dürfen)

　→ _____.

2) Er fährt Auto. (können)

　→ _____.

3) Sie liest das Buch. (müssen)

　→ _____.

4) Du kommst morgen zu mir. (sollen)

　→ _____.

5) Ich arbeite in Deutschland. (wollen)

　→ _____.

6) Wir trinken Wein. (möchten)

　→ _____.

日本語に訳してみましょう。

Luka:　　Kann ich Ihnen helfen?

Fatima *(mit einem Koffer)*:　Ja, bitte! Ich möchte die Tür öffnen.

Luka:　　Alles klar. Bitte schön. Soll ich die Tür offen lassen?

Fatima:　Nein, danke. Das dürfen Sie nicht machen.

　　　　　Diese Tür muss offen bleiben.

❹ 話法の助動詞の単独用法　①-29

　一部の話法の助動詞は，本動詞なしで単独で使われることもあります。

例1)　Er kann Chinesisch.　　　　　　「彼は中国語ができる。」

例2)　Ich muss schon nach Hause.　　　「もう帰らなきゃ。」

例3)　Wollt ihr Kaffee?　　　　　　　「コーヒーほしい？」

例4)　Ich möchte einen Rock.　　　　　「スカートがほしい。」

例5)　Ich mag Bier.　　　　　　　　　「ビールが好きだ。」

ポイント

● 例3), 例4) のように, wollen, möchteは単独で使われると, 「4格がほしい」の意味になります。wollen とmöchteではwollenを使った方がより直接的な表現になります。例5) のようにmögenは単独で用いられると, 「4格が好きだ」の意味になります。

確認練習 ❷　（　　）の助動詞を現在人称変化させて, 下線部に入れましょう。そして和訳しましょう。

1)　Ich ＿＿＿＿＿＿＿ morgen zur Bank. (müssen)

2)　＿＿＿＿＿＿＿ du Käse? (mögen)

3)　Ich ＿＿＿＿＿＿＿ Wasser. (wollen)

❺ 未来形

　未来の出来事は，通常，動詞の現在形で表します。そのときには，未来を表す副詞が入ることが多いです。

例1）　Er fährt morgen nach Tokyo.　　　　　「彼は明日，東京へ行く。」
例2）　Der Zug kommt bald.　　　　　　　　「まもなく列車が来ますよ。」

　werdenを助動詞として用いて未来の出来事を表すこともできます。そのときには，不定形の本動詞は文末に置かれます。またwerdenを用いた場合には，推量の意味が加わります。

例3）　Es wird morgen regnen.　　　　　　　「明日は雨が降るだろう。」（推量）
例4）　Ich werde ihn nie vergessen.　　　　　「彼のことは決して忘れない。」（意思）
例5）　Du wirst deine Hausaufgaben machen.「宿題をしなさい。」（要求）

確認練習 ❸　未来の助動詞werdenを用いて，以下の文を書き換えましょう。
　　　　　　　そして和訳しましょう。

1）　In diesem Winter schneit es viel.

　　→ In diesem Winter ＿＿＿＿＿＿＿＿ es viel ＿＿＿＿＿＿＿＿.

2）　Ich spreche morgen mit ihr.

　　→ Ich ＿＿＿＿＿＿＿＿ morgen mit ihr ＿＿＿＿＿＿＿＿.

3）　Wir sind am Mittwoch schon zu Hause.

　　→ Wir ＿＿＿＿＿＿＿＿ am Mittwoch schon zu Hause ＿＿＿＿＿＿＿＿.

4）　Du gehst ins Bett.

　　→ Du ＿＿＿＿＿＿＿＿ ins Bett ＿＿＿＿＿＿＿＿.

Mini-Dialog 2 (②-19)

日本語に訳してみましょう。

Felix:　Ich werde nächstes Jahr ein Auto kaufen.

Ayla:　Wohin möchtest du mit dem Auto fahren?

Felix:　Ich will ans Meer!

Ayla:　Darf ich dich fragen: mit wem willst du dorthin fahren?

I ( ) の助動詞を現在人称変化させて，下線部に入れましょう。そして和訳しましょう。

1) ＿＿＿＿＿＿＿＿ ich hier fotografieren? (dürfen)

2) Ich ＿＿＿＿＿＿＿＿ kein Fahrrad fahren. (können)

3) Meine Frau ＿＿＿＿＿＿＿＿ noch schlafen. (mögen)

4) ＿＿＿＿＿＿＿＿ du heute zur Uni gehen? (müssen)

5) Du ＿＿＿＿＿＿＿＿ zum Arzt gehen. (sollen)

6) Meine Schwester ＿＿＿＿＿＿＿＿ Schauspielerin werden. (wollen)

7) Ich ＿＿＿＿＿＿＿＿ Kaffee, aber meine Frau ＿＿＿＿＿＿＿＿ lieber Tee. (mögen)

8) ＿＿＿＿＿＿＿＿ du mit uns ins Kino gehen? (möchten)

9) Er ＿＿＿＿＿＿＿＿ krank sein. (müssen)

II 下線部を埋めて文を完成させましょう。いずれも助動詞を用いた文です。

1) Du ＿＿＿＿＿＿＿＿ ＿＿＿＿＿＿＿＿ mehr ＿＿＿＿＿＿＿＿.
「これ以上食べてはいけません。」

2) Ich ＿＿＿＿＿＿＿＿ Fleisch, aber meine Eltern ＿＿＿＿＿＿＿＿ lieber Fisch.
「私は肉が好きだけど，両親は魚が好きです。」

3) Ich ＿＿＿＿＿＿＿＿ Französisch ＿＿＿＿＿＿＿＿.
「私はフランス語を学ぶつもりだ。」

4) In fünf Minuten ＿＿＿＿＿＿＿＿ der Bus ＿＿＿＿＿＿＿＿.
「5分以内にバスは来るでしょう。」

5) Ihr ＿＿＿＿＿＿＿＿ ihm eine E-Mail ＿＿＿＿＿＿＿＿.
「彼にメールを書いたほうがいいよ。」

6) Ich ＿＿＿＿＿＿＿＿ Klavier ＿＿＿＿＿＿＿＿.
「ピアノを弾きたい。」

7) ＿＿＿＿＿＿＿＿ du auch am Samstag ＿＿＿＿＿＿＿＿?
「土曜日も仕事しなきゃいけないの？」

8) ＿＿＿＿＿＿＿＿ Sie Tennis ＿＿＿＿＿＿＿＿?
「テニスはできますか？」

9) Unser Lehrer ＿＿＿＿＿＿＿＿ ledig ＿＿＿＿＿＿＿＿.
「私たちの先生は独身に違いない。」

国名・言語・国籍 II

国名		言語	男性	女性
オランダ	die Niederlande (Holland)	Niederländisch (Holländisch)	Niederländer (Holländer)	Niederländerin (Holländerin)
ベルギー	Belgien	Niederländisch / Französisch / Deutsch	Belgier	Belgierin
ルクセンブルク	Luxemburg	Luxemburgisch / Französisch / Deutsch	Luxemburger	Luxemburgerin
スロバキア	die Slowakei	Slowakisch	Slowaka	Slowakin
チェコ	Tschechien	Tschechisch	Tscheche	Tschechin
トルコ	die Türkei	Türkisch	Türke	Türkin
デンマーク	Dänemark	Dänisch	Däne	Dänin
ポーランド	Polen	Polnisch	Pole	Polin
スロベニア	Slowenien	Slowenisch	Slowene	Slowenin
ハンガリー	Ungarn	Ungarisch	Ungar	Ungarin

乗り物

das Auto	車	der Bus	バス	das Fahrrad	自転車
das Flugzeug	飛行機	die Kutsche	馬車	der LKW	トラック
das Motorrad	バイク	das Schiff	船	die Straßenbahn	路面電車
das Taxi	タクシー	die U-Bahn	地下鉄	der Zug	列車

季節 （すべて男性名詞）

Frühling	春	Sommer	夏	Herbst	秋	Winter	冬

月 （すべて男性名詞）

Januar	1月	Februar	2月	März	3月
April	4月	Mai	5月	Juni	6月
Juli	7月	August	8月	September	9月
Oktober	10月	November	11月	Dezember	12月

Lektion 8 　非人称の es，分離動詞，非分離動詞

❶ 非人称のes  ①-31

　具体的な対象を指示するのではなく，形式上の主語として用いられる esを《非人称のes》といいます。非人称のesは，時や天候，知覚表現，もしくは熟語表現において用いられます。文頭以外の位置では非人称のesは脱落する場合と，しない場合があります。

1）時の表現：時刻，曜日など

例1）　Es ist 8 Uhr.　　　　　　　　　　　「8時です。」
例2）　Heute ist Montag.　　　　　　　　　「今日は月曜日です。」

2）天候の表現

例3）　Morgen regnet es.　　　　　　　　　「明日雨が降るよ。」
例4）　Es schneit jetzt.　　　　　　　　　「今，雪が降っています。」
例5）　Es ist heute kalt.　　　　　　　　　「今日は寒いです。」

3）知覚の表現

　「暑さ」「寒さ」を感じる主体は3格で表されます。

例6）　Es ist mir warm. / Mir ist warm.　　「（私にとっては）暖かいです。」

4）熟語表現

　非人称のesを主語にとる熟語的表現の重要なものを覚えましょう。
es gibt 4格：　　「4格がある」
es geht 3格〜：　「3格の調子は〜だ。」
es geht um 4格：「4格が重要だ。」

例7）　In der Bibliothek gibt es ein Café.　　　　　　　「図書館にカフェがあります。」
例8）　Wie geht es Ihnen? – Es geht mir sehr gut.　　　「お元気ですか?」「とても元気です。」
例9）　In diesem Buch geht es um Migrationsprobleme.「この本のテーマは移民のことです。」

確認練習 1 非人称のesと（　　）の動詞を用いて文を完成させましょう。非人称のes は脱落する場合もあります。そして和訳しましょう。

1) Wie _____ _____ dir? (gehen)

2) _____ _____ hier eine Post? (geben)

3) Heute _____ _____ sehr heiß. (sein)

4) Morgen _____ Donnerstag. (sein)

Mini-Dialog 1 ②-20

日本語に訳してみましょう。

Mustafa: Hallo, wie geht's?

Lina: Hallo Mustafa. Sehr gut, danke. Und dir?

Mustafa: Auch gut! Heute ist gutes Wetter.

Lina: Ja. Es ist heute warm.

Gibt es hier in der Nähe einen Supermarkt?

Mustafa: Ja, drüben. Es dauert zu Fuß ein paar Minuten.

Lina: Danke sehr!

---

❷ 分離動詞 ①-32

《分離動詞》とは，基本的な意味を担う動詞本体と《分離前つづり》を組み合わせてつくられた動詞です。例えばstehen「立つ」（ものが正しい状態で置かれている）という動詞にaufという分離前つづりを加えるとaufstehen「起きる」「起床する」という意味になります。

```
auf|stehen
分離前つづり|動詞（語幹＋語尾）
```

辞書の見出し語では，分離前つづりと動詞の間に分離線が引かれています。なお，分離前つづりには常にアクセントが置かれます。そして分離動詞は次のように分離します。

平叙文

例1) Paul steht morgen um 7 Uhr auf.　　「パウルは明日7時に起きます。」

例2) Hanna kann immer früh aufstehen.　　「ハンナはいつも早起きできます。」

例1) のような平叙文では，前つづり auf は stehen から分離して文末に置かれ，動詞本体とともに枠構造を形成します。定形の stehen は主語に応じて人称変化をします。

例2) のように助動詞とともに用いられる場合には，前つづりが分離することなく，動詞は不定形 aufstehen のまま，通常の本動詞と同様，文末に置かれます。このような使われ方は，疑問文や命令文でも同様です。

疑問文

例3) Stehst du morgen um 7 Uhr auf?　　「君は明日7時に起きますか？」

例4) Kannst du immer früh aufstehen?　　「君はいつも早起きできますか？」

例5) Wann stehst du morgen auf?　　「君は明日何時に起きますか？」

例6) Wann kannst du morgen aufstehen?　　「君は明日何時に起きられますか？」

否定文

例7) Noah steht morgen um 7 Uhr nicht auf.　「ノアは明日7時に起きない。」

例8) Lina kann nicht aufstehen.　　「リーナは起きられない。」

例7) のように文全体を否定する場合には，nicht は分離前つづりの直前に置かれます。例8) のように助動詞を用いた文では，nicht は不定形の前に置かれます。

命令文

例9) Steh bitte auf!　　「起きて！」(du に対する命令)

例10) Steht bitte auf!　　「起きて！」(ihr に対する命令)

✎ 確認練習 ❷ （　　）の分離動詞を適切なかたちにして下線部に入れましょう。

1) Wann ＿＿＿＿＿ der Bus ＿＿＿＿＿? (ab|fahren)
「何時にそのバスは出発しますか？」

2) Mein Vater ＿＿＿＿＿ morgen in Düsseldorf ＿＿＿＿＿. (an|kommen)
「私の父は明日デュッセルドルフに到着します。」

3) Du sollst in Nürnberg ＿＿＿＿＿. (um|steigen)
「君はニュルンベルクで乗り換えるべきです。」

4) Heute Abend ＿＿＿＿＿ meine Oma ＿＿＿＿＿. (zurück|kommen)
「今晩おばあちゃんが戻ってくるよ。」

5) ＿＿＿＿＿ du am Sommerkurs ＿＿＿＿＿? (teil|nehmen)
「君はサマーコースに参加するの？」

日本語に訳してみましょう。

Amelie:　Stehe bitte auf! Es ist schon 11 Uhr.

Helmut:　Echt? Ich möchte noch eine Stunde schlafen.

Amelie:　Oma erwartet uns heute.

Helmut:　Ich stehe gleich auf. Wann fahren wir ab?

Amelie:　Gegen Mittag.

　　　　　Wir müssen bis zum Abendessen bei Oma ankommen.

Helmut:　OK. Ich packe meine Sache in den Rucksack.

　　　　　Ich packe auch das Geschenk für sie ein.

注）「数字表現－基数」については **Wortschatz** 6 を参照してください。

❸ 非分離動詞　①-33

前つづりには分離しないものもあります。

例）**Wir verstehen ein bisschen Deutsch.**　「私たちはドイツ語が少しわかります。」

　verstehen「4格を理解する」という動詞は，stehenにverという前つづりがついていますが，この前つづりは平叙文をつくる際にも動詞本体と分離しません。このような分離しない前つづりと結びつく動詞を《非分離動詞》といいます。非分離前つづりは，アクセントを持たないのが特徴です。以下の7つの非分離の前つづりを覚えましょう。

> **非分離の前つづり**
> be- / emp- / ent- / er- / ge- / ver- / zer-

確認練習 ❸ （　　）の非分離動詞を適切なかたちにして下線部に入れましょう。

1) Was ＿＿＿＿＿＿＿＿＿ das Kind zum Geburtstag? (bekommen)

「その子どもは誕生日に何をもらうの？」

2) Mir ＿＿＿＿＿＿＿＿＿ das Zimmer gut. (gefallen)

「私はこの部屋を気に入っています。」

3) Der Bär kann die Tür ＿＿＿＿＿＿＿＿＿. (zerstören)

「あのクマはそのドアを壊せるよ。」

4) Heute Abend ＿＿＿＿＿＿＿＿＿ wir unsere Eltern. (besuchen)

「今晩私たちは両親を訪ねます。」

5) Angela ＿＿＿＿＿＿＿＿＿ die Wahrheit. (erfahren)

「アンゲーラはその真相を知っています。」

Mini-Dialog 3 ②-22

日本語に訳してみましょう。

Amira: Mir gefällt diese Tasche.

Noah: Ich kaufe sie dir.
　　　 Was kostet sie? 850 Euro?

Amira: Vielen Dank!

Noah: Äh... leider habe ich heute nicht genug Geld.
　　　 Nächste Woche kommen wir noch einmal zurück.

Amira: Vergiss das bitte nicht!

注）「数字表現－基数」については Wortschatz 6 を参照してください。

Ⅰ 非人称のesと（　　）の動詞を用いて文を完成させましょう。非人称のesは脱落する場合もあります。そして和訳しましょう。

1) Wie ＿＿＿＿＿＿＿ ＿＿＿＿＿＿＿ Ihnen? (gehen)

2) ＿＿＿＿＿＿＿ ＿＿＿＿＿＿＿ hier eine Kirche? (geben)

3) Heute ＿＿＿＿＿＿＿ ＿＿＿＿＿＿＿ sehr kalt. (sein)

4) Morgen ＿＿＿＿＿＿＿ Samstag. (sein)

5) In diesem Artikel ＿＿＿＿＿＿＿ ＿＿＿＿＿＿＿ um Elektroautos. (gehen)

Ⅱ （　　）の分離動詞を適切なかたちにして下線部に入れましょう。そして和訳しましょう。

1) Wann ＿＿＿＿＿＿＿ der Bus hier ＿＿＿＿＿＿? (an|kommen)

2) Das Konzert ＿＿＿＿＿＿＿ um 8 Uhr ＿＿＿＿＿＿. (an|fangen)

3) Soll ich das Fenster ＿＿＿＿＿＿＿? (auf|machen)

4) ＿＿＿＿＿＿＿ Sie die Tür ＿＿＿＿＿＿, bitte. (zu|machen)

5) Wir ＿＿＿＿＿＿＿ euch zur Party heute ＿＿＿＿＿＿. (ein|laden)

6) Wann ＿＿＿＿＿＿＿ Sie mich ＿＿＿＿＿＿? (an|rufen)

7) Er ＿＿＿＿＿＿＿ seine Eltern aus Deutschland ＿＿＿＿＿＿. (ab|holen)

8) Angela ＿＿＿＿＿＿＿ uns einen Kuchen ＿＿＿＿＿＿. (mit|bringen)

Ⅲ 以下の日本語に合うようにドイツ語を並び替えて文を完成させましょう。その際, 動詞は人称変化させてください。

1) 「何がその子どもにおすすめですか？」
Sie / empfehlen / was / dem Kind

＿＿＿＿＿＿＿＿＿＿＿＿＿＿＿＿＿＿＿＿＿＿＿＿＿＿＿＿＿＿＿ ?

2) 「その車は私のお母さんのものです。」
gehören / meiner Mutter / das Auto

＿＿＿＿＿＿＿＿＿＿＿＿＿＿＿＿＿＿＿＿＿＿＿＿＿＿＿＿＿＿＿ .

3) 「私はこの家を売りたい。」
verkaufen / möchte / das Haus / ich

＿＿＿＿＿＿＿＿＿＿＿＿＿＿＿＿＿＿＿＿＿＿＿＿＿＿＿＿＿＿＿ .

4) 「彼女は私を理解できない。」
verstehen / können / sie / mich / nicht

＿＿＿＿＿＿＿＿＿＿＿＿＿＿＿＿＿＿＿＿＿＿＿＿＿＿＿＿＿＿＿ .

8

Lektion 9 接続詞，形容詞

❶ 並列接続詞  ①-34

同等の句や節，文をつなぐ接続詞を《並列接続詞》といいます。並列接続詞には，以下のようなものがあります。

aber しかし	denn というのも〜だから	oder あるいは	und そして

文同士をつなぐ際，接続詞の後に続く文は《定動詞第2位の原則》に従った語順になります。

例1) Er wohnt in Berlin und seine Eltern wohnen in München.

「彼はベルリンに住んでいて，彼の両親はミュンヘンに住んでいます。」

注) 並列接続詞にはsondernも含まれます。sondernは次のように用いられます。

例2) Er wohnt nicht in München, sondern in Berlin.

「彼はミュンヘンではなく，ベルリンに住んでいます。」

❷ 従属接続詞と主文・副文  ①-35

《従属接続詞》には，以下のようなものがあります。

als 〜したときに	bevor 〜する前に	da/weil 〜なので	dass 〜ということ
ob 〜かどうか	obwohl 〜にもかかわらず	wenn もし 〜なら	など

ポイント

● 《主文》とは《定動詞第2位の原則》が保たれる文のことです。一方，従属接続詞が導く文は定動詞が文末に置かれます。そのように定動詞が文末に置かれた文を《副文》といいます。

● 主文と副文との間には必ずコンマが置かれます。

例1) Ich weiß, dass er wieder gesund ist. 「彼がまた元気になったのを私は知っている。」

例2) Weißt du, ob es heute regnet? 「今日雨が降るかどうか，知っている？」

例3) Hans kommt nicht, weil er keine Zeit hat. 「ハンスは時間がないので来ません。」

● 副文が主文の前に置かれる場合，副文が文全体の第1位を占めるため，後に続く主文の先頭には，《定動詞第2位の原則》が働き，主語よりも前に定動詞が置かれます。

例4) Dass er wieder gesund ist, weiß ich. 「彼がまた元気になったのを私は知っている。」

例5) Weil Hans keine Zeit hat, kommt er nicht. 「ハンスは時間がないので来ません。」

注) 副文中で助動詞を用いる場合，助動詞は本動詞の後ろに置かれます。

例) Wenn man dort nicht parken darf, fahre ich nicht mit dem Auto, sondern mit dem Bus.

「そこが駐車禁止なら，車ではなくバスで行きます。」

注) 副文中の分離動詞は前つづりが分離せず，動詞本体と合わせて文末に置かれます。

　　例)　Ich weiß nicht, ob er heute zurückkommt.　「彼が今日戻るかどうか，知らない。」

注) 並列接続詞donn と 従属接続詞da/weilは，似た意味を持ちますが，後に続く文の定動詞の位置が異なるので注意してください。

　　例1)　Sie kommt heute nicht, denn sie ist krank.

　　　　「彼女は今日来ない。というのも彼女は病気だからだ。」

　　例2)　Sie kommt heute nicht, weil sie krank ist.　「彼女は病気だから来ない。」

注) warum「なぜ？」という問いには，denn ではなく，必ず weil を使って答えましょう。

　　例)　Warum kommt sie heute nicht? – Weil sie krank ist.

　　　　「どうして彼女は今日来ないの？」　「病気だからだよ。」

確認練習 1　（　　）の従属接続詞を用いて二つの文を一つの文にしましょう。そして和訳しましょう。

1)　Weißt du? Kommt er heute? (ob)

_____, ob _____?

2)　Nimm einen Regenschirm mit! Es wird heute regnen. (weil)

_____, weil _____!

3)　Es ist heute Sonntag. Ich arbeite nicht. (da)

Da _____, _____.

4)　Sie geht zur Uni. Sie jobbt ganz früh in der Bäckerei. (bevor)

Bevor _____, _____.

❸ 疑問詞を用いた間接疑問文 ①-36

以下の例文のように，疑問詞を従属接続詞と同様に用いて間接疑問文をつくることができます。

例)　**Weißt du, wann das Konzert beginnt?**　「コンサートがいつ始まるか知ってる？」

Mini-Dialog　1　②-23

日本語に訳してみましょう。

Julia:　Weißt du, wann Timo Geburtstag hat?

Max:　Ich weiß es nicht. Wieso denn?

Julia:　Ich möchte wissen, was er zum Geburtstag will.

Max:　Das weiß ich. Timo sagt immer, dass er ein Fahrrad möchte.

Julia:　Danke sehr! Ich frage ihn, ob er das wirklich will.

Max:　Ja, bitte. Ruf ihn einmal an.

---

❹ 形容詞の用法  ①-37

　形容詞には，後に続く名詞を修飾する《付加語的用法》と，文の述語になる《述語的用法》，そのままの形で副詞として使われる《副詞的用法》があります。述語的用法の形容詞は格変化しませんが，付加語的用法の形容詞は，名詞の性・数・格に応じて変化します。

例1）　Auf dem Esstisch liegt eine schöne Rose.

　　　　　　　　　　　　　　「食卓に一本の美しいバラがあります。」（付加語的用法）

例2）　Die Rosen sind schön.　　「バラは美しい。」（述語的用法）

例3）　Die Rosen blühen schön.　「バラが美しく咲いている。」（副詞的用法）

❺ 形容詞の格変化  ①-38

　ドイツ語の形容詞は，その前に冠詞が置かれるかどうか，置かれる場合はどのグループの冠詞が置かれるのかによって，以下の3種類の変化を示します。

1）弱変化（定冠詞類＋形容詞＋名詞）

	男性	女性	中性	複数
1格	der gute Mann	die gute Frau	das gute Kind	die guten Kinder
2格	des guten Mann(e)s	der guten Frau	des guten Kind(e)s	der guten Kinder
3格	dem guten Mann	der guten Frau	dem guten Kind	den guten Kindern
4格	den guten Mann	die gute Frau	das gute Kind	die guten Kinder

 **ポイント**

● 男性と女性と中性の1格の語尾は -e になります。女性4格と中性4格の語尾も -e になります。それ以外の語尾は -en です。

2）混合変化（不定冠詞類＋形容詞＋名詞）

	男性	女性	中性	複数
1格	ein guter Mann	eine gute Frau	ein gutes Kind	meine guten Kinder
2格	eines guten Mann(e)s	einer guten Frau	eines guten Kind(e)s	meiner guten Kinder
3格	einem guten Mann	einer guten Frau	einem guten Kind	meinen guten Kindern
4格	einen guten Mann	eine gute Frau	ein gutes Kind	meine guten Kinder

 **ポイント**

● 弱変化とほぼ同じですが，男性1格は -er，中性1格と4格は -es の語尾になります。

3）強変化（無冠詞＋形容詞＋名詞）

	男性	女性	中性	複数
1格	heißer Kaffee	warme Milch	kaltes Wasser	dicke Bücher
2格	heißen Kaffees	warmer Milch	kalten Wassers	dicker Bücher
3格	heißem Kaffee	warmer Milch	kaltem Wasser	dicken Büchern
4格	heißen Kaffee	warme Milch	kaltes Wasser	dicke Bücher

 ポイント

● 定冠詞類の格変化とほぼ同じですが，男性と中性の2格の語尾は -es ではなく，-en になるので，注意してください。

確認練習 ② （　　）の形容詞を格変化させて下線部に入れましょう。

1） Das _____ Haus gehört mir.　　「その白い（weiß）家は私のだ。」

2） Die Kinder schenken der _____ Nachbarin ein _____ Taschentuch.

「子どもたちは，その優しい（nett）近所の女性に一枚の素敵な（schön）ハンカチを贈る。」

3） Kennst du den Namen des _____ _____ Restaurants？

「その新しい（neu）中華（chinesisch）料理屋の名前を知ってる？」

4） Ich möchte einen _____ Hund.　　「大きい（groß）犬がほしい。」

5） Das ist eine _____ Idee.　　　　「それはいい（gut）考えだね。」

6） Er trinkt immer _____ Tee.　　　「彼はいつも緑（grün）茶（Tee m.）を飲んでいる。」

Mini-Dialog 2 ②-24

日本語に訳してみましょう。

Peter: Du liest aber ein dickes Buch!

Sibel: Das ist ein neues Buch von dem berühmten Schriftsteller.

Peter: Liest du ihn gern? Und wie findest du dieses neue Buch?

Sibel: Gut. Es ist zwar interessant,
　　　　aber es gibt viele komplizierte Sätze.

❻ 形容詞の名詞化

　形容詞に修飾される名詞が自明のときには，その名詞を省略する場合があります。一般に男性名詞，女性名詞，複数名詞の場合にはひとが，中性名詞の場合にはモノが省略されます。その際，形容詞が名詞的な役割を果たしているとみなされ，語頭も大文字でつづられます。これが《形容詞の名詞化》です。格変化は名詞が省略されない場合と変わりません。

例1)　Die Kranke wird wieder gesund.　「その（女性の）患者はまた元気になる。」
例2)　Mein Bekannter kommt morgen.　「私の（男性の）知人が明日来ます。」

　国籍や職業を表す表現には，形容詞の名詞化に由来するものがあります。

例3)　Der Deutsche isst gern japanisch.　「その（男性の）ドイツ人は和食が好きです。」
例4)　Die Angestellten sind fleißig.　「その会社員たちは勤勉です。」

　etwasやnichts の後に語尾-esを伴う名詞化された形容詞が続き，「何か…なもの・こと」を表現することができます。

例5)　Ich suche etwas Schönes.　「何か素敵なことを探してるんだ。」
例6)　Es gibt nichts Neues.　「新しいことは何もないよ。」

 **確認練習 3**　（　　）の形容詞を名詞化させて下線部に入れましょう。

1)　Meine _____ sind reich.　「私の親戚（verwandt）たちは金持ちだ。」

2)　Ich möchte etwas _____ trinken.　「何か冷たい（kalt）ものを飲みたい。」

3)　Der _____ schenke ich Blumen.
　　　　　　　　　　　　「その（女性の）知人（bekannt）に花をプレゼントします。」

4)　In diesem Film gibt es nichts _____.　「この映画にいいところ（interessant）はない。」

Mini-Dialog 3 ②-25

日本語に訳してみましょう。

Akane:　Oh, du schaust Fußball im Fernsehen!
　　　　　Welche Manschaft ist Deutschland?

Nico:　　Die Weißen.

Akane:　Wie läuft das Spiel?

Nico:　　Die Deutschen spielen gut. 1:0.

Akane:　Sag mir, wenn etwas passiert!

Lektion 9　　練習問題 ✎

Ⅰ 以下の日本語に合うようにドイツ語を並び替えて，文を完成させましょう。その際，動詞は人称変化させてください。主文・副文の順は，（　　）の指示に従いましょう。

1) 「私の父は寝る前にいつも読書をする。」（主文，副文）

lesen / immer / bevor / gehen / ins Bett / mein Vater / er

_____ , _____ .

2) 「授業の後バイトがあるから帰りが遅くなる。」（副文，主文）

ich / ich / jobben / nach Hause / spät / weil / nach dem Unterricht / kommen

_____ , _____ .

3) 「ルクセンブルクに行きたいなら，フランス語も勉強した方がいいよ。」（副文，主文）

du / möchte / du / fahren / sollen / nach Luxemburg / lernen / auch Französisch / wenn

_____ , _____ .

4) 「私たちはどこでオクトーバーフェストが催されるか知りません。」（主文，副文）

wissen / wo / stattfinden / das Oktoberfest / wir / nicht

_____ , _____ .

Ⅱ （　　）の形容詞を格変化させて下線部に入れましょう。

1) Er hat einen _____ Hund und eine _____ Katze.
「彼は黒い（schwarz）犬と白い猫を飼っています。」

2) In diesem _____ Haus wohnt ein _____ Schriftsteller.
「この大きな家には有名な（bekannt）作家が住んでいます。」

3) Ich trinke immer _____ Milch.
「私はいつもあたたかい（warm）ミルクを飲みます。」

4) Er schenkt seinem _____ Freundin ein _____ Bilderbuch.
「彼は新しい（neu）彼女に素敵な（schön）絵本を贈ります。」

5) _____ Sommer werde ich nach Deutschland fahren.
「私は来年の（nächst）夏にドイツに行く予定です。」

6) Ich brauche etwas _____ , wenn ich lerne.
「私は勉強するとき甘いもの（süß 名詞化）が必要です。」

7) Ich kenne einen _____ .
「私は一人のドイツ人男性（deutsch 名詞化）を知っています。」

8) „Im Westen nichts _____ "
『西部戦線異常なし』（neu 名詞化）

三基本形・過去人称変化・現在完了

❶ 動詞の三基本形  ①-40

　ドイツ語の動詞には不定形のほかに，過去形と過去分詞の形があります。過去形は現在形のように，主語に応じて人称変化するので，変化する前のもとの形を《過去基本形》といいます。そして不定形・過去基本形・過去分詞を《動詞の三基本形》といいます。

　また，過去基本形・過去分詞には規則変化する動詞と，不規則変化する動詞があります。規則変化のパターンは以下の通りです。

不定形	過去基本形	過去分詞
-en	-te	ge- ... -t
wohnen	wohnte	gewohnt
spielen	spielte	gespielt
arbeiten	arbeitete	gearbeitet

ポイント

● 不定形の語尾は -en（一部の動詞は -n）でしたが，規則動詞の過去基本形は，語幹のあとに -te がつきます。なお，語幹が -d, -t などで終わる動詞は，-te の前に口調上の e を入れるので，-ete という語尾になります。

● 規則動詞の過去分詞は，動詞の前に ge- をつけ，さらに語尾 -en を -t にします。なお，語幹が -d, -t などで終わる動詞は，語尾 -t の前に口調上の e を入れるので，ge- ... -et という形になります。

確認練習 ❶ 次の動詞の三基本形を答えましょう。

1) hören　2) kaufen　3) lachen　4) öffnen　5) reisen　6) tanzen

　とくによく使われる動詞には，不規則変化する動詞が多いです。このグループの動詞は，語幹の母音が交替し，過去基本形は無語尾，過去分詞は ge-...-en の形になります。なかでもとりわけ重要な動詞を以下に挙げます。その他の動詞については，巻末の「主要不規則動詞変化表」を参照してください。

意味	不定形	過去基本形	過去分詞
とどまる	bleiben	blieb	geblieben
食べる	essen	aß	gegessen
乗り物で行く	fahren	fuhr	gefahren
見つける，思う	finden	fand	gefunden
与える	geben	gab	gegeben

行く	gehen	ging	gegangen
助ける	helfen	half	gcholfcn
来る	kommen	kam	gekommen
読む	lesen	las	gelesen
取る	nehmen	nahm	genommen
眠る	schlafen	schlief	geschlafen
書く	schreiben	schrieb	geschrieben
見る	sehen	sah	gesehen
話す	sprechen	sprach	gesprochen
立っている	stehen	stand	gestanden
登る	steigen	stieg	gestiegen
死ぬ	sterben	starb	gestorben
身につけている	tragen	trug	getragen
飲む	trinken	trank	getrunken

混合変化のグループの動詞は語幹の母音が交替し，過去基本形は…-te，過去分詞はge-…-tの形になります。

意味	不定形	過去基本形	過去分詞
運ぶ	bringen	brachte	gebracht
考える	denken	dachte	gedacht

不規則動詞のなかでも，とくに重要な動詞の三基本形は以下の通りです。

意味	不定形	過去基本形	過去分詞
…である	sein	war	gewesen
持っている	haben	hatte	gehabt
…になる	werden	wurde	geworden

❷ ge-がつかない過去分詞 ①-41

動詞のなかには，過去分詞にge-がつかないものもあります。

1）非分離前つづりから始まる動詞

不定形	過去基本形	過去分詞
besuchen	besuchte	besucht
bekommen	bekam	bekommen
verstehen	verstand	verstanden

2) -ierenで終わる動詞（すべて規則変化動詞）

不定形	過去基本形	過去分詞
-en	-te	-t
studieren	studierte	studiert
probieren	probierte	probiert

❸ 分離動詞の三基本形

　分離動詞の過去基本形は動詞本体の過去基本形と「...」の後に分離前つづりが続きます。過去分詞はge-から始まらず，分離前つづりの後に続けて一語でつづられます。分離前つづりと動詞語幹（の過去分詞）のあいだに挟まれること，そして一語でつづられることに注意してください。

不定形	過去基本形	過去分詞
ab|fahren	fuhr ... ab	abgefahren
an|kommen	kam ... an	angekommen
auf|stehen	stand ... auf	aufgestanden
ein|kaufen	kaufte ... ein	eingekauft
fern|sehen	sah ... fern	ferngesehen
um|steigen	stieg ... um	umgestiegen

❹ 過去人称変化

　ドイツ語の過去形は，主語がichまたはer/sie/es以外のとき，過去基本形に語尾がつきます。

不定形	wohnen	kommen	sein	haben
過去基本形	wohnte	kam	war	hatte
ich -	wohnte	kam	war	hatte
du -st	wohntest	kamst	warst	hattest
er/sie/es -	wohnte	kam	war	hatte
wir -(e)n	wohnten	kamen	waren	hatten
ihr -t	wohntet	kamt	wart	hattet
sie/Sie -(e)n	wohnten	kamen	waren	hatten

注） ドイツ語の過去形は，小説や新聞・雑誌記事などの書き言葉ではよく使われますが，日常では一部の動詞を除き，現在完了のほうがよく使われます。とくに重要な過去形は，seinとhabenと話法の助動詞です。話法の助動詞の過去基本形は巻末の「主要不規則動詞変化表」を参照してください。

確認練習 2 下線部にseinまたはhabenの過去形を入れましょう。そして和訳しましょう。

1) Wo _____ du gestern Abend? – Ich _____ im Kino.

2) Am Wochenende _____ ich erkältet.

– _____ Sie Fieber?

– Nein, aber ich _____ Halsschmerzen.

3) _____ ihr früher einen Hund?

– Nein, wir _____ keinen Hund.

Mini-Dialog 1 ②-26

日本語に訳してみましょう。

David: Warst du schon einmal in der Schweiz?

Maja: Nein, leider noch nicht. Und du?

David: Ja, ich war schon dort.
Ich habe viele Freunde in der Schweiz.

Maja: Sehr schön. Wann warst du zum letzten Mal in der Schweiz?

⑩

---

❺ 現在完了：haben支配とsein支配 ①-44

　過去について語るとき，ドイツ語の日常的な場面では，おもに現在完了が使われます。ドイツ語の現在完了は，完了の助動詞habenまたはseinを人称変化させて文の2番目に置き（定動詞第2位の原則），過去分詞を文末に置きます。その結果，助動詞や分離動詞を用いた文同様，枠構造が形成されます。

例1) Ich habe früher in Österreich gewohnt. 「以前はオーストリアに住んでいました。」

例2) Hast du auch heute gearbeitet? 「今日も働いたの？」

例3) Er ist nach Deutschland gereist. 「彼はドイツへ旅行に行きました。」

例4) Sie hat gestern ihre Eltern besucht. 「彼女は昨日彼女の両親を訪ねました。」

例5) Der Junge hat eine Krawatte getragen. 「その少年はネクタイをしていました。」

例6) Wir haben das Buch schon gelesen. 「私たちはその本をすでに読みました。」

例7) Was habt ihr studiert? 「君たちは何を専攻していたの？」

例8) Wann sind Sie angekommen? 「あなたはいつ到着しましたか？」

多くの動詞はhabenとともに現在完了をつくりますが，一部の動詞はseinとともに現在完了をつくります。上の例ではgereist (reisen)，angekommen (ankommen) がseinと現在完了をつくっています。なぜならこれらの動詞は，場所の移動を表す自動詞（＝4格の目的語をとらない動詞）だからです。besucht (besuchen) も場所の移動を意味しますが，4格の目的語をとる動詞（＝他動詞）なのでhabenと現在完了を作ります。

seinと現在完了をつくる動詞は，《場所の移動》を表す自動詞のほか，《状態の変化》を表す自動詞（sterben, werden, auf|stehen など），seinやbleibenなどの例外的な自動詞があります。

例9)　　Mein Vater ist 50 Jahre alt geworden.　「私の父は50歳になりました。」

例10)　Beethoven ist 1827 gestorben.　　　「ベートーベンは1827年に亡くなりました。」

 確認練習 ③　点線部にはseinまたはhabenを，下線部には（　　）の動詞の過去分詞を入れましょう。そして和訳しましょう。

1)　Was ＿＿＿＿＿＿＿＿＿＿＿ du gestern Abend ＿＿＿＿＿＿＿＿＿？ (essen)

2)　Am Samstag ＿＿＿＿＿＿＿＿＿＿ ich zu Hause ＿＿＿＿＿＿＿＿＿ und

　　＿＿＿＿＿＿＿＿＿＿ Musik ＿＿＿＿＿＿＿＿＿. (bleiben / hören)

3)　Er ＿＿＿＿＿＿＿＿＿＿ gestern ein Buch ＿＿＿＿＿＿＿＿＿. (kaufen)

4)　Wohin ＿＿＿＿＿＿＿＿＿＿ ihr in Sommerferien ＿＿＿＿＿＿＿＿＿？ (fahren)

5)　Wir ＿＿＿＿＿＿＿＿＿＿ am Sprachkurs ＿＿＿＿＿＿＿＿＿. (teil|nehmen)

6)　Von wem ＿＿＿＿＿＿＿＿＿＿ du den Brief ＿＿＿＿＿＿＿＿＿？ (bekommen)

7)　Lena ＿＿＿＿＿＿＿＿＿＿ sehr fleißig Deutsch ＿＿＿＿＿＿＿＿＿ und

　　＿＿＿＿＿＿＿＿＿＿ Dolmetscherin ＿＿＿＿＿＿＿＿＿. (lernen / werden)

8)　Als er in Deutschland ＿＿＿＿＿＿＿＿＿＿, ＿＿＿＿＿＿＿＿＿ die

　　Weltmeisterschaft ＿＿＿＿＿＿＿＿＿. (statt|finden)

Mini-Dialog　2　②-27

日本語に訳してみましょう。

Frida:　Was hast du am Wochenende gemacht?

Aaron:　Am Samstag bin ich ins Kino gegangen und habe einen deutschen Film gesehen.

Frida:　Warum hast du mir das nicht vorher gesagt!?
　　　　Ich mag Filme sehr gern.

Aaron:　Wirklich? Das höre ich zum ersten Mal.

Frida:　Nein, letzten Monat habe ich dir lange von Filmen erzählt.

Ⅰ 下線部にseinまたはhabenの過去形を入れましょう。そして和訳しましょう。

1) Meine Freundin ＿＿＿＿＿＿＿＿ gestern Geburtstag.

2) Ich ＿＿＿＿＿＿＿＿ gestern Fieber, deshalb ＿＿＿＿＿＿＿＿ ich immer im Bett.

3) ＿＿＿＿＿＿＿＿ Sie schon einmal in Deutschland?

4) Bis zum letzten Jahr ＿＿＿＿＿＿＿＿ meine Familie eine Katze.

Ⅱ 下線部を埋めて文を完成させましょう。

1) Was ＿＿＿＿＿＿＿＿ Sie gestern ＿＿＿＿＿＿＿＿?
「昨日は何を料理しました（kochen）か？」

2) Obwohl es am Samstag stark ＿＿＿＿＿＿＿＿ ＿＿＿＿＿＿＿＿, ＿＿＿＿＿＿＿＿
sie Fußball ＿＿＿＿＿＿＿＿.
「土曜日，強い雨が降っていたけれど，彼らはサッカーをしました。」

3) ＿＿＿＿＿＿＿＿ ihr schon eurer Mutter einen Brief ＿＿＿＿＿＿＿＿?
「もうお母さんに手紙を書いたのか？」

4) Sie ＿＿＿＿＿＿＿＿ uns immer ＿＿＿＿＿＿＿＿.
「彼女はいつも私たちを助けてくれました。」

5) Wir ＿＿＿＿＿＿＿＿ nur drei Tage in Wien ＿＿＿＿＿＿＿＿.
「私たちは三日間だけウィーンに滞在した。」

6) Ich ＿＿＿＿＿＿＿＿ diesen Sommer nach Deutschland ＿＿＿＿＿＿＿＿
und ＿＿＿＿＿＿＿＿ so viel Bier ＿＿＿＿＿＿＿＿.
「私はこの夏，ドイツに旅行に行って，たらふくビールを飲みました。」

7) Seitdem meine Großmutter ＿＿＿＿＿＿＿＿ ＿＿＿＿＿＿＿＿, ＿＿＿＿＿＿＿＿
ich ihre Villa nicht ＿＿＿＿＿＿＿＿.
「祖母が亡くなって以来，彼女の屋敷を訪ねていません。」

8) Der Zug ＿＿＿＿＿＿＿＿ pünktlich von Budapest nach Paris ＿＿＿＿＿＿＿＿.
「その列車は定刻通りにパリに向けてブダペストを出発した。」

9) Was ＿＿＿＿＿＿＿＿ Sie ＿＿＿＿＿＿＿＿?
「大学で何を専攻されましたか？」

10) Warum ＿＿＿＿＿＿＿＿ du heute so früh ＿＿＿＿＿＿＿＿?
「どうして今日はそんなに早起きなの？」

再帰表現，zu 不定詞句

❶ 再帰代名詞  ①-45

主語つまり1格の名詞と同一のひとやモノを指す3, 4格の代名詞を《再帰代名詞》といいます。再帰代名詞には3格と4格しかありません。

例1)　Der Onkel liebt seinen Sohn. 「おじさんは彼の息子を愛しています。」
　　　　　　1格　　≠　　4格

　例1)のOnkelやSohnといった普通名詞を，代名詞を用いて書き換えると次のようになります。

例2)　Er liebt ihn.　er＝der Onkel, ihn＝seinen Sohn

　例2)のerとihnは同一人物ではありませんね。1格≠4格の場合，4格には人称代名詞を用います。

例3)　Der Onkel liebt sich. 「おじさんは自分が好きです。」
　　　　　　1格　　＝　　4格

1格＝4格，つまり再帰の関係にある場合，4格は再帰代名詞を用いなければなりません。

	1人称		2人称			3人称	
1格	ich	wir	du	ihr	Sie	er/sie/es	sie
3格	mir	uns	dir	euch	sich	sich	sich
4格	mich	uns	dich	euch	sich	sich	sich

再帰代名詞（人称代名詞と同じ←）│→再帰代名詞sich

 **ポイント**

● 人称代名詞の変化表との違いを確認しましょう。
● 敬称のSieの再帰代名詞sichのsも他のsichと同じように小文字で書きます。

所有を示す3格の用法

　3格には《所有》を示す用法があります。とくに身体の部位の持ち主を示す場合が多く，再帰代名詞とともに用いられることがよくあります。

例4)　Meine Tante wäscht mir die Hände.　「おばさんが私の手を洗います。」
　　　　　　1格　　≠　　3格

例5)　Meine Tante wäscht sich die Hände. 「おばさんは（自分の）手を洗います。」
　　　　　　1格　　＝　　3格

確認練習 ❶ 下線部に適切な再帰代名詞を入れましょう。

1) Die Mutter kauft ＿＿＿＿＿＿＿＿ die Tasche. 「お母さんはカバンを買います。」

2) Ich lege ＿＿＿＿＿＿＿＿ auf das Bett. 「私はベッドで横になります。」

3) Wir müssen ＿＿＿＿＿＿＿＿ die Haare waschen. 「私たちは髪の毛を洗わなきゃ。」

4) Das Kind putzt ＿＿＿＿＿＿＿＿ sorgfältig die Zähne. 「その子どもは丁寧に歯を磨く。」

Mini-Dialog **1** ②-28

日本語に訳してみましょう。

Brigitte: Hast du dir schon das Gesicht gewaschen?

Michael: Ja. Jetzt putze ich mir die Zähne.

Brigitte: Danach sollst du dich rasieren.

Michael: Alles klar. Was machst du jetzt?

Brigitte: Ich mache mir die Haare.

⑪

❷ 再帰動詞

　再帰代名詞とセットで熟語的に使われる動詞があります。そのような動詞を《再帰動詞》といいます。

注) 再帰動詞は，辞書には，［再帰］や［再］もしくはsichという目印とともに表記されていることが多いです。sichの右上についた3や4といった数字は格を意味しています。再帰代名詞の4格と結びつく再帰動詞が多いですが，なかには3格と結びつくものもあります。

再帰動詞の代表例

・sich⁴ beeilen 「急ぐ。」
・sich⁴ erkälten 「風邪をひく。」
・sich⁴ verspäten 「遅刻をする。」
・sich⁴ vor|stellen 「自己紹介する。」
・sich³ 4格 vor|stellen 「4格を想像する。」

特定の前置詞句と結びつく再帰動詞の代表例

・sich⁴ für 4格 interessieren 「4格に興味がある。」
・sich⁴ auf 4格 freuen 「4格を楽しみにする。」
・sich⁴ über 4格 freuen 「4格を喜ぶ。」
・sich⁴ auf 4格 vor|bereiten 「4格の準備をする。」
・sich⁴ über 4格 ärgern 「4格に腹をたてる。」

確認練習 **2** 下線部に適切な再帰代名詞や前置詞を入れましょう。

1) Wir freuen _____ schon _____ den Sommerferien.
   「夏休みがもう楽しみだ。」

2) Mein Bruder hat _____ erkältet. 「弟が風邪をひいた。」

3) Michael bereitet _____ _____ die Prüfung vor.
   「ミヒャエルは試験の準備をしている。」

4) Die Lehrerin ärgert _____ _____ mich. 「あの先生は私に怒っている。」

5) Du sollst _____ beeilen. 「君は急ぐべきだ。」

Mini-Dialog **2** ②-29

日本語に訳してみましょう。

Anna: Warum läufst du? Wohin willst du?

Yusuf: Heute hat meine Mutter Geburtstag. Ich muss mich beeilen.

Anna: Hast du ihr schon ein Geschenk gekauft?

Yusuf: Natürlich! Das ist die neueste Tasche.

Anna: Sie muss sich darüber sicher freuen.

注) darüberについては巻末の《文法補足》を参照してください。

❸ 相互代名詞 ①-46

　主語が複数の場合には，再帰代名詞の形で「互いに」という意味を持つときがあります。そのような代名詞を《相互代名詞》といいます。

例1) Die Kinder helfen sich. 「その子どもらはお互いに助け合っています。」

例2) Wir haben uns schon vor 15 Jahren in Köln kennengelernt.
　　　「私たちは15年前にケルンで知り合いました。」

❹ zu不定詞句のつくり方

　ドイツ語には不定詞の直前にzuを置いて，その他の語を伴って句として用いる用法があります。これを《zu不定詞句》といいます。まずはzu不定詞句のつくり方を確認しましょう。

不定詞句 　→ 　zu不定詞句

wohnen 　→ 　zu wohnen

Fußball spielen 　→ 　Fußball zu spielen

fleißig Deutsch lernen 　→ 　fleißig Deutsch zu lernen

im Sommer nach München fahren 　→ 　im Sommer nach München zu fahren

● zu不定詞句の目的語や副詞などのいっさいはzuの前に置かれます。

分離動詞は前つづりと動詞の語幹の間にzuを置き，まとめて一語としてつづります。

früh aufstehen　→　früh aufzustehen

in Berlin ankommen　→　in Berlin anzukommen

❺ zu不定詞句の用法

zu不定詞句の前後は，コンマで区切られます。

1）名詞的用法：主語や目的語として名詞のように機能する用法

例1）　Klavier zu spielen ist mir sehr schwer. 「ピアノを弾くことは，私には難しい。」

注）zu不定詞句が比較的短い主語として用いられた場合，zu不定詞句の後にコンマを打ちません。

例2）　Es ist mir sehr schwer, Klavier zu spielen. 「ピアノを弾くことは，私には難しい。」

例3）　Wir haben vergessen, die Hausaufgaben zu machen.
「私たちは宿題をするのを忘れてしまった。」

例4）　Chiharu freut sich sehr darauf, nach Deutschland zu fliegen.
「ちはるはドイツへのフライトをとても楽しみにしています。」

2）付加語的用法：先行する名詞を修飾する用法

例5）　Haben Sie Zeit, mit uns ins Theater zu gehen?
「私たちと一緒に劇場に行く時間はありますか？」

例6）　Hast du etwas zu schreiben? 「何か書くものある？」

3）副詞的用法：zu不定句の始まりにum, ohne, stattといった語句が置かれて，副詞のように機能する用法

・**um ... zu不定詞**「…するために」

例7）　Timo spart Geld, um in Japan zu studieren.
「日本で大学に通うために，ティモはお金をためています。」

・**ohne ... zu不定詞**「…なしで」

例8）　Ohne etwas zu essen, hat er ganzen Tag Deutsch gelernt.
「彼は何も食べないで，一日中ドイツ語を学んでいた。」

注）zu不定詞句が文頭に置かれた場合，主文の定動詞はzu不定詞句のコンマの直後に置かれます。定動詞の位置に注意してください。

・**statt ... zu不定詞**「…する代わりに」

例9）　Sie hat ihrem Onkel einen Brief geschrieben, statt ihm eine E-Mail zu schreiben.
「彼女はおじさんにメールではなく手紙を書いた。」

確認練習 3 （　　）の文をzu不定詞句にして下線部に入れましょう。

1) Sie spielen ganzen Tag Fußball, _____. (Sie essen nichts.)

「彼らは何も食べないで一日中サッカーをしています。」

2) _____, lernt Shizuka sehr fleißig Deutsch.

(Sie studiert in Deutschland.)

「ドイツで大学に通うために，しずかはとても一生懸命ドイツ語を学んでいます。」

3) Er trinkt immer Bier, _____. (Er trinkt Wasser.)

「彼は水を飲む代わりにビールをいつも飲んでいます。」

Mini-Dialog 3 ②-30

日本語に訳してみましょう。

Ella: Was hast du am Wochenende vor?

Ben: Am Wochenende? Ich habe vor, mit dem Auto nach Nürnberg zu fahren.

Ella: Warum fährst du so oft nach Nürnberg?

Ben: Um Nürnberger Rostbratwurst zu essen. Kommst du mit?

Ella: Es ist sehr schön. Ich freue mich schon darauf, mit dir nach Nürnberg zu fahren.

注） daraufについては巻末の《文法補足》を参照してください。

Ⅰ 下線部に適切な再帰代名詞を入れましょう。

1) Meine Eltern kaufen ＿＿＿＿＿＿＿＿ ein Auto. 「両親は車を買います。」

2) Er setzt ＿＿＿＿＿＿＿＿ auf den Stuhl. 「彼は座席につきます。」

3) Maria wäscht ＿＿＿＿＿＿＿＿ die Haare. 「マリアは髪の毛を洗っています。」

4) Ich putze ＿＿＿＿＿＿＿＿ die Zähne gar nicht. 「私はまったく歯を磨きません。」

Ⅱ 下線部に適切な再帰代名詞や前置詞を入れましょう。

1) Wir interessieren ＿＿＿＿＿＿＿＿ ＿＿＿＿＿＿＿＿ Mathematik.
　　「私たちは数学に興味があります。」

2) Sie freut ＿＿＿＿＿＿＿＿ sehr ＿＿＿＿＿＿＿＿ das Geschenk.
　　「彼女はプレゼントにとても喜んでいます。」

3) Mein Bruder hat ＿＿＿＿＿＿＿＿ erkältet.
　　「私の兄が風邪を引きました。」

4) Anton und Marie bereiten ＿＿＿＿＿＿＿＿ ＿＿＿＿＿＿＿＿ ihre Präsentation vor.
　　「アントンとマリーはプレゼンの準備をしている。」

Ⅲ （　　）の文をzu不定詞句にして下線部に入れましょう。

1) Timo liest ganzen Tag Bücher, ＿＿＿＿＿＿＿＿＿＿＿. (Er schläft nicht.)
　　「ティモは寝ないで一日中本を読んでいます。」

2) Hast du Lust, ＿＿＿＿＿＿＿＿＿＿? (Du gehst ins Kino.)
　　「映画を見に行く気ある？」

3) Ich habe keine Zeit, ＿＿＿＿＿＿＿＿＿＿. (Ich nehme an der Party teil.)
　　「そのパーティーに参加をする暇がない。」

4) ＿＿＿＿＿＿＿＿＿＿, spart Thomas Geld. (Er geht ins Konzert.)
　　「そのコンサートに行くために，トーマスはお金をためています。」

5) Er isst immer Obst, ＿＿＿＿＿＿＿＿＿＿. (Er isst Brot.)
　　「彼はパンの代わりにいつも果物を食べています。」

受動文

❶ 受動文のつくり方　①-48

「…する，…した」を表す能動文に対し，「…される，…された」を表す文を《受動文》といいます。

例1）　Der Vater baut das Haus.　　　　　　「お父さんが家を建てています。」（能動文）

例2）　Das Haus wird vom Vater gebaut.　「その家はお父さんに建てられます。」（受動文）

　受動文は，能動文の4格目的語を主語（1格）にしてつくられます。受動の助動詞 werden と過去分詞で枠構造を形成します。能動文の主語は受動文では前置詞とともに表されます。

・能動文の主語が意思をもつもの（多くは人間や動物）である場合：von 3格

例3）　Der Kuchen wird von der Mutter gebacken.　「そのケーキはお母さんに焼かれます。」

・能動文の主語が意思のないもの（原因，手段など）である場合：durch 4格

例4）　Die Stadt wird durch Bomben zerstört.　「その街は爆弾によって破壊される。」

確認練習 ❶　下線部に適切な語を入れて受動文を完成させましょう。

1)　Das Kind _____ von den Eltern _____ .
　　「その子どもは両親に愛されています。」

2)　Die Fußballspielerin _____ vom Trainer _____.
　　「その選手は監督にほめられる。」

3)　Das Haus des Vaters _____ durch den Taifun _____.
　　「お父さんの家が台風で破壊される。」

ポイント

●受動文では能動文の主語が省略されることもあります。特に不特定の人をさす man は受動文では必ず省略されます。

例1）　In Österreich spricht man Deutsch.

例2）　In Österreich wird Deutsch gesprochen.
　　　　「オーストリアではドイツ語が話される。」

確認練習 ② 次の能動文を受動文に書き換えましょう。そして和訳しましょう。

1) Um 10 Uhr öffnet man den Supermarkt.

_____

2) In diesem Supermarkt verkauft man viele Lebensmittel.

_____

3) In der Kneipe bietet man deutsches und belgisches Bier an.

_____

Mini-Dialog 1 ②-31

日本語に訳してみましょう。

Finn: Ich habe gehört, dass in Luxemburg Französisch, Deutsch und Luxemburgisch gesprochen werden. Was spricht man zum Beispiel beim Einkaufen?

Emma: Beim Einkaufen wird Französisch gesprochen.

Finn: Gibt es deutsche Zeitungen?

Emma: Ja, selbstverständlich.
Zeitungen werden auch auf Deutsch gelesen.

Finn: Wann und wo spricht man Luxemburgisch?

Emma: Unter Freunden wird Luxemburgisch gesprochen.

---

❷ 受動文の時制 ①-49

受動文の時制は助動詞wardenの部分で表現します。

例1) **Der Kuchen wird gebacken.**　　「ケーキは焼かれる。」

例2) **Der Kuchen wurde gebacken.**　　「ケーキは焼かれた。」

例3) **Der Kuchen ist gebacken worden.**　「ケーキは焼かれた。」

 ポイント

● 現在完了の受動文では，完了の助動詞に sein を使います。本動詞werden「…になる」の過去分詞は geworden ですが（Er ist Arzt geworden.「彼は医者になった。」），例3) のように受動の助動詞werden の過去分詞はwordenになります。

確認練習 **3** 次の能動文を受動文に書き換えましょう。そして和訳しましょう。

1) Man öffnete gestern das Restaurant.

_____

2) Viele Leute lasen den Roman.

_____

3) Ein bekannter Musiker hat dieses Lied komponiert.

_____

Mini-Dialog 2 ②-32

日本語に訳してみましょう。

Henry: Kennst du die Geschichte der Berliner Mauer?

Eylül: Ja, sie wurde 1961 plötzlich gebaut.

Henry: Dadurch wurden viele Menschen von ihren
Familien und Freunden getrennt.

Eylül: Richtig. Und bevor sie 1989 wieder geöffnet wurde,
wurden mindestens 140 Menschen dort getötet.

Henry: Ein Teil der Mauer ist erhalten.

Eylül: Und die Gedenkstätte dort erinnert uns an die Zeit der deutschen Teilung.

注) dadurchについては巻末の《文法補足》を，「数字表現—基数」については **Wortschatz 6** を参照してください。

❸ 状態受動 ①-50

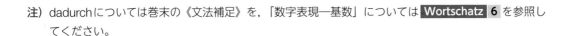

　「…される，…された」後の結果状態，すなわち「…されている，…されていた」を表す受動文を《状態受動》といいます。状態受動ではwerdenではなくseinが助動詞として用いられます。

例1) **Die Bibliothek wird um 9 Uhr geöffnet.**
　　「図書館は9時に開く。」

例2) **Die Bibliothek ist von 9 bis 18 Uhr geöffnet.**
　　「図書館は9時から18時まで開いている。」（状態受動）

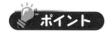

● 完了の助動詞seinは自動詞とともに使われるのに対して，受動の助動詞seinは他動詞とともに使われます。

例1) Er ist nach Salzburg gefahren. （現在完了）
「彼はザルツブルクに行きました。」

例2) Das Restaurant ist montags geschlossen. （状態受動）
「そのレストランは月曜日は閉まっています。」

 確認練習 ④ 下線部に受動の助動詞werdenもしくはseinを入れましょう。そして和訳しましょう。

1) Die Eingangstür _____ vom Verwalter geschlossen.

2) Der Supermarkt _____ von 8 bis 20 Uhr geöffnet.

3) An diese Stelle _____ immer Müll gelegt.

4) Seit letztem Sommer _____ das Krankenhaus fertiggestellt.

❹ 非人称受動（自動詞を用いた受動文） ①-51

　ドイツ語では自動詞（＝4格の目的語をとらない動詞）を用いた能動文から受動文をつくることができます。その際，受動文の主語には，形式主語のes を立てます。es 以外の要素が文頭に来る場合，es は省略されます。

例1) Man arbeitet auch am Wochenende in Japan.

例2) Es wird auch am Wochenende in Japan gearbeitet.

例3) In Japan wird auch am Wochenende gearbeitet.
「日本では週末も働きます。」

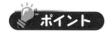 ポイント

● 能動文の3格は受動文の主語にはできません。

例1) Der Onkel schenkt dem Mädchen den Ring.
「おじさんは女の子に指輪をプレゼントします。」

例2) Der Ring wird dem Mädchen vom Onkel geschenkt.
「指輪はおじさんから女の子にプレゼントされます。」

Ⅰ 次の能動文を受動文に書き換えましょう。そして和訳しましょう。

1) Die Mutter lobt immer ihre Kinder.

_____

2) Der Lehrer bemerkte den Fehler.

_____

3) Der König hat dieses prächtige Schloss gebaut.

_____

4) Seine Großmutter dankt ihm sehr.

_____

5) Gestern hat er mich angerufen.

_____

12

Ⅱ 以下の日本語に合うようにドイツ語を並び替えて，受動文を完成させましょう。その際，助動詞は現在人称変化させ，動詞は過去分詞にしてください。

1) 「私はパーティに招待されています。」
ich / einladen / zur Party / sein

_____.

2) 「その車は現金で支払われる。」
bar / das Auto / bezahlen / werden

_____.

3) 「その映画はいつ上映されていますか？」
der Film / auf|führen / wann / sein

_____?

4) 「環境保護は今日，重要だとみなされている。」
heute / an|sehen / der Umweltschutz / als wichtig / sein

_____.

5) 「その奨学金は大学から学生に与えられる。」
der Uni / geben / das Stipendium / dem Studenten / werden / von

_____.

6) 「この問題は政府で目下議論されている。」
über das Problem / in / der Regierung / jetzt / diskutieren / sein

_____.

数字表現－基数

0	null	13	dreizehn	30	drei**ß**ig
1	eins	14	vierzehn	40	vierzig
2	zwei	15	fünfzehn	50	fünfzig
3	drei	16	**sech**zehn	60	**sech**zig
4	vier	17	**sieb**zehn	70	**sieb**zig
5	fünf	18	achtzehn	80	achtzig
6	sechs	19	neunzehn	90	neunzig
7	sieben	20	**zwan**zig	100	[ein]hundert
8	acht	21	einundzwanzig	101	[ein]hundert[und]eins
9	neun	22	zweiundzwanzig	200	zweihundert
10	zehn	…		1000	[ein]tausend
11	elf	…		10000	zehntausend
12	zwölf	29	neunundzwanzig	1000000	eine Million

1989（数）　　　[ein]tausendneunhundertneunundachtzig

　　　（年号）　　neunzehnhundertneunundachtzig

2022（数・年号）　zweitausendzweiundzwanzig

身体の部位

der Arm, die -e	腕	das Auge, die -n	眼	das Bein, die -e	脚
der Finger, die -	指	der Fuß, die ̈e	足	das Gesicht, die -er	顔
das Haar, die -e	髪	die Hand, die ̈e	手	der Kopf, die ̈e	頭
der Mund, die ̈er	口	die Nase, die -n	鼻	das Ohr, die -en	耳

身につける物

die Bluse	ブラウス	die Brille	メガネ	das Hemd	シャツ
die Hose	ズボン	der Hut	帽子	die Jacke	上着
das Kleid	服	die Krawatte	ネクタイ	der Mantel	コート
der Pullover	セーター	der Ring	指輪	der Rock	スカート
die Schuhe	靴	die Socken	靴下	das T-Shirt	Tシャツ

注）die Schuhe（靴），die Socken（靴下）は複数形で使います。

形容詞・副詞の比較級と最上級

Lektion 13

❶ 形容詞・副詞の比較級と最上級のつくり方 ①-52

　形容詞や副詞の比較級は，元の形（原級）に語尾 -er をつけます。最上級は，原級に語尾 -[e]st をつけます。なお，形容詞に母音（a, o, u）がひとつしかないとき，その母音は比較級・最上級ではウムラウトします。

原級　-	比較級　-er	最上級　-[e]st
klein	kleiner	kleinst
schön	schöner	schönst
dunkel	dunkler	dunkelst
teuer	teurer	teuerst
jung	jünger	jüngst
alt	älter	ältest
frisch	frischer	frischest
kurz	kürzer	kürzest
groß	größer	größt

ポイント

● dunkelやteuerのように，-elや-erで終わる形容詞の比較級は，そのeが脱落し，-lerや-rerという語尾になります。（dunkeler → dunkler, teuerer → teurer）

● altやfrischのように，-d, -t, -s, -ß, -sch, -zで終わる形容詞の最上級は，-stの前に口調上のeを入れて-estという語尾になります（ただしgroßは例外）。

　例外的な変化をする形容詞と副詞の代表例には，次のものがあります。

原級　-	比較級　-er	最上級　-[e]st
gut	besser	best
viel	mehr	meist
hoch	höher	höchst
nah	näher	nächst
gern	lieber	am liebsten

注）gernは副詞です。

❷ 比較の表現 ①-53

「…と同じくらい…」は so ＋ 原級 ＋ wie ...,「…ほど…ではない」は nicht so ＋ 原級 ＋ wie ... で表します。

例1) Der Sohn ist so groß wie sein Vater. 「息子は父親と同じくらいの身長だ。」

例2) Ich bin nicht so alt wie der Mann. 「私はあの男性ほど年はとっていない。」

「…より…だ」は，比較級 ＋ als ... で表します。

例3) Der Sohn ist größer als sein Vater. 「息子は父親より背が高い。」

例4) Ich bin älter als der Mann. 「私はその男性より年上だ。」

✎ 確認練習 ❶ （　　）の形容詞を比較級にして下線部に入れましょう。そして和訳しましょう。

1) Meine Schwester ist viel ＿＿＿＿＿＿ als ich. (fleißig)

2) Die Donau ist ＿＿＿＿＿＿ als der Rhein. (lang)

3) Sein Auto fährt immer ＿＿＿＿＿＿ als mein Auto. (schnell)

4) Ein Flugzeug fliegt ＿＿＿＿＿＿ als ein Vogel. (hoch)

5) Isst du ＿＿＿＿＿＿ Brot als Reis? (gern)

6) Er spielt ＿＿＿＿＿＿ Gitarre als Klavier. (gut)

7) Ich habe ＿＿＿＿＿＿ gegessen als du. (viel)

注) viel ＋ 比較級，immer ＋ 比較級では，viel「ずっと，はるかに」や immer「ますます，どんどん」によって比較級が強調されます。

注) 比較対象の als…以下は，枠構造の外に置かれます。

Mini-Dialog 1 ②-33

日本語に訳してみましょう。

Benjamin: Ist deine Mutter so groß wie du?

Leyla: Nein, meine Mutter ist viel kleiner als ich.

Benjamin: Und dein Vater?

Leyla: Auch mein Vater ist nicht so groß wie ich.
Aber mein Bruder ist größer als ich.

「いちばん…だ」の表し方は二つあります。一つめは，後に続く名詞を修飾する《付加語的用法》です。定冠詞der / die / dasの後に最上級の形容詞 -stとその直後に格変化語尾が置かれます。

例5) Das ist das wertvollste Buch in der Bibliothek.
「これは図書館で一番価値がある本だ。」

例6) Die meisten Studenten haben einen Computer.
「ほとんどの学生はパソコンを持っています。」

 確認練習 ❷ （　　）の形容詞を最上級にして下線部に入れましょう。そして和訳しましょう。

1) Diamant ist das _____ Material. (hart)

2) August ist der _____ Monat in Japan. (heiß)

3) Die Uni ist die _____ in Japan. (groß)

4) Das ist mein _____ Sohn. (jung)

 ポイント

● 最上級に限らず，比較級も付加語的に用いるときは -er の後に形容詞の格変化語尾が付きます。

例7) Hast du eine bessere Idee?　「もっといいアイディアある？」

例8) Mein älterer Bruder arbeitet in Deutschland.
「私のお兄さんはドイツで働いている。」

Mini-Dialog 2 ②-34

日本語に訳してみましょう。

Martin: Weißt du, wie der größte See in Deutschland heißt?

Andrea: Bodensee? Aber gehört der Bodensee zu Deutschland?

Martin: Das ist eine schwierige Frage. Eine andere Frage:
In welcher Stadt ist die älteste deutschsprachige Uni?

Andrea: In Heidelberg? Aber die Uni Wien ist älter als die von Heidelberg.

Martin: Das ist eine noch schwierigere Frage.

最上級を用いるもう一つの表現は，am（＝前置詞anと定冠詞demの融合形）＋最上級-enで表します。

> am schön**st**en

最上級の後の-enは，定冠詞demの後の形容詞の語尾変化と考えてください。

例9) Der Junge ist am größten in der Klasse.
「この少年がクラスで一番背が高い。」

例10) Welcher Roman von Murakami gefällt dir am besten?
「村上の小説でどれが一番好き？」

例11) Am liebsten trinke ich Bier. 「ビールが一番好きです。」

 確認練習 3 （　　）の形容詞や副詞を最上級にして下線部に入れましょう。下線は一つでも，入れる単語は一つとは限りません。そして和訳しましょう。

1) Von den Füssen in Deutschland ist der Rhein ＿＿＿＿＿＿＿＿. (lang)
2) Die Studentin arbeitet ＿＿＿＿＿＿＿＿. (fleißig)
3) Meine Tochter hat ＿＿＿＿＿＿＿＿ gesungen. (schön)
4) Wer isst unter euch ＿＿＿＿＿＿＿＿? (viel)

⑬

Mini-Dialog 3 ②-35

日本語に訳してみましょう。

Elias: Weißt du, wer in der Klasse am besten malt?

Zeynep: Das ist sicher Basti.

Elias: Weißt du, wer in der Klasse am schnellsten läuft?

Zeynep: Das ist vielleicht Henning.

Elias: Letzte Frage: Wer singt in der Klasse am schönsten?

Zeynep: Das bin ich. Niemand singt besser als ich!

I （　）の形容詞または副詞を比較級にして下線部に入れましょう。形容詞の格変化が必要なものもあります。そして和訳しましょう。

1) Das Telefonieren in Japan ist ＿＿＿＿＿＿＿＿ als in Deutschland. (teuer)

2) Tschechen trinken ＿＿＿＿＿＿＿＿ Bier als Deutsche. (viel)

3) Meine ＿＿＿＿＿＿＿＿ Schwester studiert Germanistik. (jung)

4) Meine Mutter singt ＿＿＿＿＿＿＿＿ und ＿＿＿＿＿＿＿＿ Karaoke als mein Vater.

(gern / gut)

II （　）の形容詞を最上級にして下線部に入れましょう。下線は一つでも，入れる単語は一つとは限りません。形容詞の格変化が必要なものもあります。そして和訳しましょう。

1) Februar ist der ＿＿＿＿＿＿＿＿ Monat in Japan. (kalt)

2) Bayern ist das ＿＿＿＿＿＿＿＿ Bundesland in Deutschland. (groß)

3) Geld ist für mich die ＿＿＿＿＿＿＿＿ Sache im Leben. (wichtig)

4) Die Lebenskosten in der Schweiz sind ＿＿＿＿＿＿＿＿ in Europa. (hoch)

III 下線部に適切な形容詞または副詞の比較級か最上級を入れましょう。下線は一つでも，入れる単語は一つとは限りません。形容詞の格変化が必要なものもあります。

1) Finnland ist ＿＿＿＿＿＿＿＿ an Japan als Schweden.
「日本からだとフィンランドはスウェーデンより近いです。」

2) Die Zugspitze ist der ＿＿＿＿＿＿＿＿ Berg in Deutschland.
「ツークシュピッツェはドイツで一番高い山です。」

3) Sie ist die ＿＿＿＿＿＿＿＿ Japanerin.　「この方は日本最高齢の女性です。」

4) Wo liegt die ＿＿＿＿＿＿＿＿ Post?　「最寄りの郵便局はどこですか。」

5) Mein ＿＿＿＿＿＿＿＿ Freund heißt Fabian.「私の一番の友達はファビアンです。」

6) Sie trinkt immer noch ＿＿＿＿＿＿＿＿ Kaffee als Tee.
「彼女はお茶よりコーヒーのほうがずっと好きです。」

7) Mein ＿＿＿＿＿＿＿ Bruder hat das Buch ＿＿＿＿＿＿＿ zu Ende gelesen als ich.
「私の弟はその本を私よりも早く読み終えました。」

8) Meine ＿＿＿＿＿＿＿＿ Tochter isst ＿＿＿＿＿＿＿＿ Sushi.
「私の一番上の娘は寿司が大好物です。」

数字表現－序数

1～9までは基数に -t，20以上は基数に -stをつけます。アラビア数字で記す場合は，必ず [.]（プンクト）を打ちます。

0.	nullt	13.	dreizehnt	30.	dreißigst
1.	erst	14.	vierzehnt	40.	vierzigst
2.	zweit	15.	fünfzehnt	50.	fünfzigst
3.	dritt	16.	sechzehnt	60.	sechzigst
4.	viert	17.	siebzehnt	70.	siebzigst
5.	fünft	18.	achtzehnt	80.	achtzigst
6.	sechst	19.	neunzehnt	90.	neunzigst
7.	sieb[en]t	20.	zwanzigst	100.	[ein]hundertst
8.	acht	21.	einundzwanzigst	101.	[ein]hundert[und]erst
9.	neunt	22.	zweiundzwanzigst	200.	zweihundertst
10.	zehnt	…		1000.	[ein]tausendst
11.	elft	…		10000.	zehntausendst
12.	zwölft	29.	neunundzwanzigst		

日付

序数を用いて日付を表すことができます。

例1）　Der Wievielte ist heute?　　　「今日は何日ですか?」

　　　– Heute ist der 4.[vierte] Mai.　「今日は5月4日です。」

例2）　Am 28.[achtundzwanzigsten] August 1749 ist Johann Wolfgang von Goethe geboren.

　　　「1749年8月28日に，ヨーハン・ヴォルフガング・フォン・ゲーテは生まれました。」

Lektion 14 関係代名詞，指示代名詞

ある共通の語句を手がかりに，二つの文を一つの文につなげることができます。その語句を《先行詞》，それを修飾する文を《関係文》といいます。

❶ 定関係代名詞  ①-54

先行詞が特定の名詞句である場合，《定関係代名詞》を用います。定関係代名詞の格変化表を確認してみましょう。

1）定関係代名詞

	男性	女性	中性	複数
1格	der	die	das	die
2格	dessen	deren	dessen	deren
3格	dem	der	dem	denen
4格	den	die	das	die

● 定冠詞と定関係代名詞の格変化は似ていますが，2格と複数3格は異なるので注意してください。

定関係代名詞は，先行詞の性・数と一致し，関係文中の役割に応じて格変化します。次の例文で確認しましょう。

例1）　**Der Mann** ist mein Vater. **Der Mann** arbeitet dort.

　　　　　　　　　　男性1格
　　　Der Mann, <u>der</u> dort arbeitet, ist mein Vater.
　　　「あそこで働いている男性は，私のお父さんだ。」

例2）　**Die Frau** kommt aus Frankfurt. Die Tochter **der Frau** heißt Anna.

　　　　　　　　　　女性2格
　　　Die Frau, <u>deren</u> Tochter Anna heißt, kommt aus Frankfurt.
　　　「娘の名前がアンナというその女性は，フランクフルト出身です。」

例3）　**Das Kind** heißt Neuer. Ich habe **dem Kind** einen Ball gegeben.

　　　　　　　　　　中性3格
　　　Das Kind, <u>dem</u> ich einen Ball gegeben habe, heißt Neuer.
　　　「私がボールをあげた子どもの名前はノイアーです。」

例4) **Die Bücher** stehen im Regal. Meine Mutter hat mir **die Bücher** gekauft.

複数4格

Die Bücher, die meine Mutter mir gekauft hat, stehen im Regal.
「お母さんが買ってくれた本が棚に並んでいます。」

 ポイント

● 関係文は副文をつくります。副文なので定動詞は後置されます。

● 主文と関係文の間には必ずコンマを打ちます。

2) 前置詞＋定関係代名詞

　定関係代名詞が前置詞と結びついている場合には，その前置詞も定関係代名詞と一緒に関係文の文頭に置かれます。

mit ＋定関係代名詞

例5) Wie heißt das Kind, mit dem du Fußball gespielt hast?
「君とサッカーをしていた子どもの名前は？」

auf ＋定関係代名詞

例6) Wann findet die Party statt, auf die sich er schon freut?
「彼が楽しみにしているパーティーはいつ開催されるの？」

確認練習 **1** 　下線部に適切な定関係代名詞を入れましょう。

1) Die Frau, _____ dort singt, ist meine Schwester.
「あそこで歌っている女性は，私の妹だ。」

2) Der Mann, _____ Sohn Politiker ist, wurde gestern festgenommen.
「政治家の息子がいるその男は，昨日逮捕された。」

3) Das Mädchen, _____ er einen Kugelschreiber geliehen hat, heißt Franziska.
「彼がボールペンを貸してあげた女の子の名前は，フランチスカです。」

4) Die Bilder, _____ mein Onkel gemalt hat, sind beliebt.
「私のおじさんが描いた絵は人気があります。」

5) Wann findet der Vortrag statt, für _____ sie sich interessiert?
「彼女が興味のある講演はいつ開催されるの？」

指示代名詞は定関係代名詞と同様の格変化をします。ただし指示代名詞は関係文をつくらず，ある文中の代名詞または名詞として機能します。指示代名詞には，dieser「この（モノ／ひと）」，jener「あの（モノ／ひと）」，solcher「そのような（モノ／ひと）」，derselbe「同じ（モノ／ひと）」，derjenige「その（モノ／ひと）」などがありますが，ここではder，die，das，複数dieを中心に紹介します。

指示代名詞der, die, das, 複数die

	男性	女性	中性	複数
1格	der	die	das	die
2格	dessen	deren	dessen	deren
3格	dem	der	dem	denen
4格	den	die	das	die

ポイント

● 指示代名詞と人称代名詞との違いは，指示代名詞の方が，指示的性格が強いことです。指示代名詞は文頭で強調の意味で用いられたり，近接する語を指示したり，反復を避けるために使用されます。指示代名詞は強く発音する点に注意してください。

例1) Wer hat meinen Freund angerufen? – Das war ich.
「誰が私の彼氏に電話をしたの？」「私だよ。」

例2) Kennst du Luka? – Ja, den kenne ich gut.
「ルカを知ってる？」「うん，よく知ってるよ。」

例3) Frida geht morgen mit ihrer Schwester und deren Mann ins Kino.
「フリーダは明日彼女の妹とその夫と一緒に映画を見に行きます。」

中性の指示代名詞dasは，人称代名詞esに似ています。また，文脈にとらわれず会話の場面の人物や事物を指示する機能もあります。

例4) Das sind meine Eltern. 「こちらは私の両親です。」

確認練習 ❷　下線部に適切な指示代名詞を入れましょう。

1) Kennen Sie Frau Schumann? – Ja, _____ kenne ich sehr gut.
「シューマン夫人を知っていますか？」「はい，とてもよく知っています。」

2) Timo reist mit seinem Bruder und _____ Frau nach Graz.
「ティモは彼の兄とその妻とグラーツに旅行に行きます。」

3) _____ sind meine Kinder.
「この子らはうちの子どもたちです。」

日本語に訳してみましょう。

Helga *(am Telefon)*: Hallo. Bist du mein Enkel, Jürgen?

ein Mann *(am Telefon)*: Das bin ich, Oma. Der bin ich.
Kannst du mir helfen?

Helga: Was ist mit dir los?

ein Mann: Ich habe die Tasche von meinem Chef verloren... Wenn ich die nicht finden
kann, geht die Firma bankrott...

Helga: Das ist nicht Jürgen! Der arbeitet nicht in einer Firma. Er ist noch Student.

---

❸ 不定関係代名詞 ①-56

　先行詞が代名詞や抽象概念である場合，もしくは先行詞がない場合には，《不定関係代名詞》を
用います。不定関係代名詞には，不特定のひとを指すwer「…するひと」と，モノを指すwas
「…するもの・こと」があります。

不定関係代名詞werとwas

1格	wer	was
2格	wessen	(wessen)
3格	wem	-
4格	wen	was

　不定関係代名詞werが指し示すひとは，性や数を特定しませんが，文法的には3人称単数扱いで
す。このwerが導く節を受ける場合には，男性の指示代名詞derが用いられます。

例1) **Wen** die Kritiker loben, der soll gelesen werden.
　　「その批評家たちが賞讃する作家は読まれるべきだ。」

例2) **Wer** nach München fährt, muss in Nürnberg umsteigen.
　　「ミュンヘンに行くひとは，ニュルンベルクで乗り換えなければなりません。」

注) 不定関係代名詞と指示代名詞の格が同じ場合は，指示代名詞を省略できます。

　不定関係代名詞wasが導く節を受ける場合には，中性の指示代名詞dasが用いられますが，省略
可能です。

例3) **Was** du sagst, ist immer richtig.
　　「君が言うことはいつも正しい。」

不定関係代名詞wasには，alles「すべてのもの」，etwas「なにか」，nichts「何もない」といった代名詞や，中性名詞化した形容詞などを先行詞にとる用法があります。

例4) Alles, was er sagt, ist sehr gut verständlich.
「彼がいうことはなんでもよく理解できる。」

例5) Gibt es etwas Neues, was du in diesem Monat gemacht hast?
「今月したことで何か新しいことありますか？」

確認練習 3 下線部に適切な不定関係代名詞または指示代名詞を入れましょう。

1) _____ den Kindern gut zuhört, _____ kann auch den Erwachsenen zuhören.
「子どもの話をよく聞くひとは大人の話も聞くことができる。」

2) _____ immer lügt, _____ kann man nicht glauben.
「いつも嘘つく者を誰も信じることができない。」

3) _____ in meinem Leben am wichtigsten ist, ist Geld.
「私の人生でお金ほど重要なものはない。」

Mini-Dialog 2 ②-37

日本語に訳してみましょう。

Laura: Was möchtest du essen, Fisch oder Fleisch?

Shingo: Fleisch, bitte.

Laura: Heute esse ich lieber Fisch. Gestern Abend habe ich gebratenes Rindfleisch gegessen.

Shingo: Dann nehme ich nicht Fleisch, sondern Fisch. Ich kann alles essen, was mir angeboten wird.

Laura: Wer alles essen kann, den mag ich sehr.

I 下線部に適切な定関係代名詞を入れましょう。

1) Die Kinder, _____ dort spielen, sind Thoms und Maria.
「あそこで遊んでいる子どもたちはトーマスとマリアだ。」

2) Die Tochter, _____ Vater Millionär ist, will gar nicht arbeiten.
「父親が金持ちのその娘は働こうとしない。」

3) Der Mann, _____ ich früher einen Liebesbrief geschrieben habe, ist schon alt.
「私がかつてラブレターを書いた男性はもう年老いた。」

4) Die Torten, _____ mir meine Tante gebacken hat, waren immer lecker.
「おばさんが焼いてくれたケーキはいつも美味しかった。」

5) Kommt der Mann wirklich, auf _____ du schon lange wartest?
「君が待ち続けている男性は本当に来るの？」

II 定関係代名詞を用いて一つの文にしましょう。

1) Die Frau ist meine Lehrerin. Die Frau fährt deutsches Auto.
「ドイツ車に乗っているあの女性は私の先生です。」

_____ .

2) Mir gefällt die Katze. Ich begegne jeden Morgen der Katze.
「私は毎朝見かける猫を気に入っている。」

_____ .

3) Der Onkel hat in Innsbruck viele Ziegen. Der Beruf des Onkels ist Landwirt.
「農場主のおじさんは，インスブルックでたくさんヤギを飼っている。」

_____ .

III 下線部に適切な指示代名詞を入れましょう。そして和訳しましょう。

1) Kennen Sie Herrn Bach? – Ja, ich kenne _____ sehr gut.

2) _____ hier ist mein neuer Tisch.

3) Hier ist Emilia. _____ Sohn ist Pilot.

IV 下線部に適切な不定関係代名詞または指示代名詞を入れましょう。そして和訳しましょう。

1) _____ Fremdsprachen lernt, _____ kann eine andere Welt kennenlernen.

2) _____ Alkohol getrunken hat, darf nicht nur kein Auto, sondern auch kein Fahrrad fahren.

3) Ich habe alles gemacht, _____ man tun kann.

Lektion 15 接続法

　ドイツ語の動詞には，出来事や事柄を客観的に述べる《直説法》，2人称du, ihrに対し命令や懇願を行う《命令法》に加えて，話者の考えや願望などをもとに，出来事や事柄について主観的に述べる《接続法》という用法があります。

❶ 接続法のつくり方  ①-57

　接続法には《接続法I式》と《接続法II式》という2種類の形があります。それぞれのつくり方は以下の通りです。

1）接続法I式：不定詞の語幹＋e＋人称変化語尾（seinは例外）

	machen	sprechen	fahren	haben	werden	sein
ich	mache	spreche	fahre	habe	werde	sei
du	machest	sprechest	fahrest	habest	werdest	sei(e)st
er/sie/es	mache	spreche	fahre	habe	werde	sei
wir	machen	sprechen	fahren	haben	werden	seien
ihr	machet	sprechet	fahret	habet	werdet	seiet
sie	machen	sprechen	fahren	haben	werden	seien

ポイント

● 1人称単数と3人称単数の形は同じです。

● 2人称および3人称単数で語幹の母音が変わるなど，不規則な変化をする動詞も，接続法I式では語幹の部分はつねに同じ形になります。

2）接続法II式：過去基本形＋e＋人称変化語尾

	machen	sprechen	fahren	haben	werden	sein
ich	machte	spräche	führe	hätte	würde	wäre
du	machtest	sprächest	führest	hättest	würdest	wärest
er/sie/es	machte	spräche	führe	hätte	würde	wäre
wir	machten	sprächen	führen	hätten	würden	wären
ihr	machtet	sprächet	führet	hättet	würdet	wäret
sie	machten	sprächen	führen	hätten	würden	wären

● 不規則変化動詞では，ウムラウトできる語幹の母音はウムラウトさせます。

注）話法の助動詞 sollen と wollen の語幹の母音oはウムラウトさせられる母音ですが，öにはならず《直説法過去形》と同じ形になります。

❷ 接続法Ⅰ式の用法 ①-58

1）間接話法

他者の発言を引用符つきで伝える《直接話法》に対し，接続法Ⅰ式は引用符を使わない《間接話法》で用いられます。

例1) Er sagt: „Ich lerne fleißig Deutsch." （直接話法）

例2) Er sagt, er lerne fleißig Deutsch.

例3) Er sagt, dass er fleißig Deutsch lerne.
「彼は熱心にドイツ語を学んでいると言っています。」

間接話法で用いられる動詞の接続法Ⅰ式の形が直説法と同じになる場合，接続法Ⅱ式で代用します。

例4) Sie sagen: „Wir kommen morgen." （直接話法）

例5) Sie sagen, sie kämen morgen.

例6) Sie sagen, dass sie morgen kämen.
「彼らは明日来ると言っています。」

直接話法において疑問詞のある疑問文を，間接話法にする際には，疑問詞を従属接続詞として用います。疑問詞のない疑問文では，従属接続詞obを用います。

例7) Timo fragt sie: „Wann kommst du zurück?"

例8) Timo fragt sie, wann sie zurückkomme.
「ティモは彼女にいつ戻るのか尋ねています。」

例9) Janka fragte ihn: „Trinkst du gern Wein?"

例10) Janka fragte ihn, ob er gern Wein trinke.
「ヤンカは彼にワインが好きかどうか尋ねました。」

2）要求話法

duやihrに対する命令文では，動詞の命令法を用いますが，Sieに対する命令・依頼表現で用いるのは，厳密には命令法ではなく接続法Ⅰ式です。こういった用法を《要求話法》といいます。他にも要求話法を用いて，wirに対する勧誘や3人称に対する要求を表現することもあります。

例11) Sprechen Sie noch langsamer, bitte!　　　「もっとゆっくり話してください！」

例12) Gehen wir zusammen!　　　　　　　　　「一緒に行きましょう！」

例13) Man nehme nach dem Essen zwei Tabletten. 「食後に二錠服用のこと。」

例14) Seien Sie bitte vorsichtig!　　　　　　　　「気をつけてください！」

確認練習 ❶　下線部に適切な動詞を接続法I式の形にして入れましょう。

1) Er sagt mir, er ＿＿＿＿＿＿＿＿ viel Geld.

　　「彼は私にたくさんお金を持っていると言っています。」

2) Der Mann behauptet, er ＿＿＿＿＿＿＿＿ fleißig.

　　「その男性は熱心に働いていると主張しています。」

3) Sie sagt, sie ＿＿＿＿＿＿＿＿ zwanzig Sprachen.

　　「彼女は20の言語を話すと言っています。」

Mini-Dialog　1　②-38

日本語に訳してみましょう。

Klara: Hast du einen interessanten Artikel gefunden?

Jonas (mit einer Zeitung): Ja, der Kanzler sagte, er werde die Steuern senken.

Klara: Wirklich? Gibt es sonst etwas Neues?

Jonas (mit einer Zeitung): Ja, der Fußballspieler sagte,

　　　　　　　　　　　　　er spiele bald im Ausland.

Klara: Echt? Ich habe in einer Zeitschrift gelesen, dass

　　　　seine Mannschaft ihn nicht gehen lasse.

Jonas: Fragen wir Henning! Er kennt sich mit Fußball besser aus als wir.

---

❸ 接続法II式の用法　①-59

1）非現実話法

　事実に反することを述べる際には，接続法II式を用います。

例1) Wenn ich Zeit hätte, würde ich ins Kino gehen.

　　　「もし時間があるなら，映画を見に行くんだけどなあ。（実際には時間がないから行けない）」

 **ポイント**

● 接続法II式を用いた条件文だけで《願望》を表現することもできます。

例2) Wenn ich nur mehr Geld hätte!

　　　「もっとお金があればなあ！（実際にはあまりお金がない）」

2) 外交的接続法

丁寧な婉曲表現にも，接続法II式が用いられます。

例3) Ich hätte gerne einen Kaffee.　　「コーヒーを1杯いただきたいのですが。」

例4) Könnten Sie das Fenster aufmachen?　「窓を開けていただけますか？」

例5) Wir möchten mehr schlafen.　　「私たちはもっと寝たいです。」

注) Lektion 7の話法の助動詞で紹介した《möchten》「…したい」は，mögenの接続法II式です。

ポイント

● sein, haben, werden, 話法の助動詞など頻度の高い動詞以外の接続法II式は，《würde + 不定詞》の形で表現されることが多いです。

例6) Wenn ich Flügel hätte, flöge ich zu dir.

例7) Wenn ich Flügel hätte, würde ich zu dir fliegen.
　　「もし翼があれば，君のもとに飛んでいくのになあ。」

確認練習 2　下線部に適切な動詞や話法の助動詞を接続法II式の形にして入れましょう。

1) Wenn das Wetter schön ＿＿＿＿＿＿＿, ＿＿＿＿＿＿＿ wir einen Ausflug machen.
「天気が良ければ，ピクニックをするんだけどなあ。」

2) Es ＿＿＿＿＿＿ schön, wenn wir uns morgen sehen ＿＿＿＿＿＿.
「明日お会いすることができれば素敵ですねえ。」

3) ＿＿＿＿＿＿ du mir bitte helfen?　「私を助けてもらえるかな？」

4) Ich ＿＿＿＿＿＿ eine Frage.　「お尋ねしたいことがあるのですが。」

Mini-Dialog 2　②-39

日本語に訳してみましょう。

Oskar: Was würdest du machen, wenn du viel Geld hättest?

Leni: Wenn ich Millionär wäre, würde ich in einer schönen
Wohnung leben, mir luxuriöse Autos kaufen und
nicht mehr arbeiten. Und du?

Oskar: Ich würde mit einem großen Schiff um die ganze Welt reisen.

Leni: Das wäre wunderschön! Könntest du mich auch mitnehmen?

Oskar: Selbstverständlich! Alle meine Freunde können mit mir eine Kreuzfahrt machen.

3) 接続法Ⅱ式のその他の用法

1. wenn の省略

　従属接続詞 wenn から始まる副文で接続法Ⅱ式が使われたとき，そのwennを省略することができます。その場合，定動詞は文頭（本来 wenn を置く位置）に置きます。

例8) Wenn du fleißig lernen würdest, würdest du eine gute Note bekommen.

例9) Würdest du fleißig lernen, würdest du eine gute Note bekommen.
　　　「熱心に勉強すれば，良い成績がとれるよ。」

2. als ob「まるで〜かのように」

例10) Er spricht, als ob er Professor wäre.　「彼はまるで教授であるかのように話します。」

 **ポイント**

● als ob の ob は省略することができます。その際，定動詞はalsの後ろ（本来obを置く位置）に置きます。

例11) Er spricht, als wäre er Professor.

Mini-Dialog　3　 ②-40

日本語に訳してみましょう。

Leonie:　　Du siehst aus, als ob du seit drei Tagen nicht geschlafen hättest.

Henning:　Meine Freundin meckert, ich würde ihr niemals etwas Freundliches sagen.

Leonie:　　Liebst du sie denn nicht mehr?

Henning:　Doch! Ohne sie könnte ich nicht leben.

Leonie:　　Das solltest du nicht mir, sondern ihr sagen!

Ⅰ 直接話法の文を間接話法の文に書き換えましょう。そして和訳しましょう。

1) Sie sagt: „Ich bin krank".

_____.

2) Der Verdächtige behauptet: „Ich bin unschuldig".

_____.

3) Sie sagt: „Ich nehme bis zum Sommer 5 kg ab."

_____.

4) Die Mutter fragt ihrem Sohn: „Wann stehst du morgen auf?"

_____.

Ⅱ 接続法Ⅱ式を用いて丁寧な婉曲表現に書き換えましょう。そして和訳しましょう。

1) Ich habe gern eine Flasche Weißwein.

_____.

2) Kannst du mir das Salz geben?

_____.

3) Gehen Sie für uns einkaufen?　（《würde + 不定詞》を用いて）

_____.

4) Diese Uni ist besser für ihn.

_____.

Ⅲ 以下の日本語に合うようにドイツ語を並び替えて文を完成させましょう。その際，動詞は接続法Ⅱ式の形にしてください。

1) 「今ここにいれば，君は彼女と話せるのに。」

ihr / du / du / sprechen / wenn / jetzt / hier / sein / können / mit

_____, _____.

2) 「熱がなければ，君たちと一緒に遊べるのになあ。」

ich / ich / Fieber / haben / spielen / kein / mit / können / euch

_____, _____.

3) 「彼はまるで王様であるかのようにお金を使う。」

er / er / als ob / König / sein / verschwenden / sein Geld

_____, _____.

巻末付録

● 時刻表現

日常会話では主に12時間制を用います。正確な時刻をいう場合や公式の場面では，24時間制が用いられます。

例1)　Wie spät ist es? – Es ist 10 Uhr. 「何時ですか？」「10時です。」

例2)　Wie viel Uhr ist es jetzt? – Es ist 22:00 Uhr. 「今何時ですか？」「22時です。」

「…時…分」を24時間制でいう場合には，「時」の後にUhrを入れて読みます。

例3)　Es ist 13:10 Uhr. Es ist dreizehn Uhr zehn. 「13時10分です。」

12時間制で午前，午後を伝える場合，文末に以下のような表現を加えます。

例4)　Es ist 8 Uhr vormittags. 「午前8時。」 ／ Es ist 6 Uhr nachmittags. 「午後6時。」

am Morgen, morgens	「朝に」	am Nachmittag, mittags	「午後に」
am Vormittag, vormittags	「午前に」	am Abend, abends	「夕方に」
am Mittag, mittags	「昼に」	in der Nacht, nachts	「夜に」

日常生活で用いる12時間制では，「…時過ぎ (nach)」「…時前 (vor)」「…時半 (halb)」という表現も用います。ドイツ語のhalbと日本語の「…時半」との違いに注意してください。また，「15分」「4分の1時間」というViertelという単位もあわせて用います。なお，es istやUhrは多くの場合，省略されます。

 Es ist zwanzig **nach** zwei.　　「2時20分（2時20分過ぎ）」

 Es ist zehn **vor** drei.　　「2時50分（3時10分前）」

 Es ist **halb** eins.　　「12時半」

 Es ist **halb** drei.　　「2時半」

 Es ist **Viertel nach** fünf.　　「5時15分」

 Es ist **Viertel vor** sechs.　　「5時45分」

● 分数

序数に -el をつけると分数（中性・単数）を表すことができます。1より大きな分子は基数で示し、文法的には複数形の扱いとなります。ただし「1/2」の場合、日常的には die Hälfte（女性・単数）「半分」を用います。「全体の何分のいくつ」という場合、「全体の」は2格（または von + 3格）で示します。

1/2	die Hälfte	1/5	ein Fünftel
1/3	ein Drittel	2/5	zwei fünftel
2/3	zwei Drittel	3/5	drei Fünftel
1/4	ein Viertel		
3/4	drei Viertel		

Ein Drittel der Bewohner **ist** dafür.　　　住人の1/3は賛成だ。

Zwei Drittel der Bewohner **sind** dagegen.　　住人の2/3は反対だ。

注）「半年」や「100分の1秒」などの表現には、形容詞形を用います。つづりで表記することはあまりありません。die Hälfte が halb となる以外は、-tel の形をそのまま使い、小文字で書きます。また halb は格変化しますが、他の分数表現は格変化しない点に注意してください。また分子と後に続く名詞の単数複数にも注意してください。

ein **halbes** Jahr　　　　　半年　　　　eine **viertel** Stunde　　　　15分

eine **hundertstel** Sekunde　100分の1秒　zwei **hundertstel** Sekunden　100分の2秒

● 小数　小数点は [,]（コンマ）で表記します。

0,1	null Komma eins	1,1	eins Komma eins
0,2	null Komma zwei	1,2	eins Komma zwei
0,3	null Komma drei		
		3,14	drei Komma eins vier

小数の次に名詞が続く場合、小数の最後の数字が1の場合は単数、2以上ならば複数になります。

1,2 Millionen Menschen　　　120万の人々（eins Komma zwei Millionen Menschen）

0,5 Stunden　　　　　　　　0.5 時間（null Komma fünf Stunden）

文法補足

●《da +前置詞》《wo +前置詞》

前置詞と結びつく人称代名詞がモノを指す場合には，《da +前置詞》という形をとります。ただし，代名詞がひとを指す場合には《da +前置詞》ではなく《前置詞+人称代名詞》になります。

例1)　Ich habe das Auto gekauft. Damit fahre ich am Wochenende nach Berlin.
　　　「その車を買った。それで週末にベルリンに行きます。」

例2)　Ich habe eine Schwester. Ich gehe morgen mit ihr ins Museum.
　　　「妹が一人います。彼女と明日博物館に行きます。」

前置詞と結びつく名詞を尋ねる際に，その名詞がひとの場合にはwerを，モノの場合には《wo + 前置詞》を用います。

例3)　Heute Abend gehe ich ins Restaurant. – Mit wem gehst du?
　　　「今晩，レストランに行く。」「誰と行くの？」

例4)　Womit fährst du zur Uni? – Ich fahre jeden Tag mit dem Fahrrad.
　　　「大学に何で通っているの？」「毎日自転車だよ。」

注）母音で始まる前置詞は，《dar +前置詞》や《wor +前置詞》という形になります。

●動詞・形容詞の前置詞目的語

動詞や形容詞によっては，前置詞句を必要とするものもあります。

auf 4格achten 「4格に注意する」
例1)　Achten Sie auf Taschendiebe!　「スリに気をつけてください！」

um 4格bitten 「4格を頼む」
例2)　Darf ich um Ihr Kommentar bitten?　「ひと言コメントを頂けますか？」

auf 4格warten 「4格を待つ」
例3)　Ich warte auf ihn.　「私は彼を待つ。」

arm an 3格 sein 「3格が乏しい」
例4)　Dieses Essen ist arm an Vitaminen.　「この食事はビタミンに乏しい。」

stolz auf 4格 sein 「4格を誇りに思っている」
例5)　Der Vater ist stolz auf seinen Sohn.　「その父親は息子のことを誇りに思っている。」

●そのほかのzu不定詞句の用法

habenやseinとともに用いられるzu不定詞句の前にはコンマを打ちません。

・**haben ... zu不定詞** 「…しなければならない」
例1)　Du **hast** deine Hausaufgaben **zu machen**.　「宿題をしなきゃ駄目よ。」

・sein ... zu不定詞　「…されうる」「…されなければならない」

例2)　Das Manga **ist** leicht **zu lesen**.　　　「この漫画は読みやすい。」

例3)　Der Text **ist** sorgfältig **zu lesen**.　　「このテクストは丁寧に読まなければならない。」

　下記の動詞も同様にzu不定詞句とともに用いられる場合には，zu不定詞句の前にコンマを打ちません。

例4)　Sie **braucht** nicht dorthin **zu gehen**.　　「彼女はそこに行く必要がありません。」

例5)　Der Student **pflegt** spät **zu kommen**.　　「その学生はよく遅刻をする。」

例6)　Die Studentin **scheint** wütend **zu sein**.　「その学生は怒っているようです。」

●助動詞に準ずる表現

1)《使役》の lassen

　lassenの4格目的語と動詞の不定詞を用いて，「4格に…させる」という意味を加えます。4格の目的語と不定詞は主語と述語の関係をつくります。

例)　Der Vater lässt seine Kinder früh aufstehen.　「お父さんは子どもたちに早起きをさせる。」

2) 知覚動詞

　sehen「見る」，hören「聞く」，fühlen「感じる」といった知覚動詞は，4格目的語と動詞の不定詞とともに用いて「4格が…するのを見る，聞く，感じる」の意味をつくります。

例)　Ich höre ein Baby weinen.　「赤ちゃんの泣き声が聞こえます。」

3) bekommen受動

　bekommenを助動詞として過去分詞とともに用いる受動文では，能動文の3格の間接目的語を主語にとります。その場合，bekommenは「…してもらう」などの意味になります。

例)　Das Kind **bekam** einen Ball **geschenkt**.　「その子どもはボールをプレゼントされた。」

●関係副詞

　関係副詞は関係文の先頭に置かれ，副文をつくります。関係代名詞の文において，先行詞が《時・場所》などを表す語句の場合，《関係副詞wo》による書き換えが可能です。先行詞が《原因・理由》を表す場合には《関係副詞warum》が，先行詞が《方法・様態》を表す場合には《関係副詞wie》が用いられます。

例1-1)　Der Park, **in dem** die Kinder Fußball spielen, ist neben dem Bahnhof.

例1-2)　Der Park, **wo** die Kinder Fußball spielen, ist neben dem Bahnhof.
　　　　　「子供たちがサッカーをしている公園は駅の隣にあります。」

例2)　　Das ist der Grund, **warum** er heute arbeitet.　「これが彼が今日働く理由です。」

例3)　　Die Art, **wie** er lacht, macht mich wütend.　　「彼の笑い方は気にさわる。」

主要不規則動詞変化表

不定詞	直説法現在	過去基本形	接続法第2式	過去分詞
backen (パンなどを)焼く	*du* bäckst (backst) *er* bäckt (backt)	**backte**	backte	**gebacken**
befehlen 命令する	*du* befiehlst *er* befiehlt	**befahl**	beföhle (befähle)	**befohlen**
beginnen 始める，始まる		**begann**	begänne (begönne)	**begonnen**
bieten 提供する		**bot**	böte	**geboten**
binden 結ぶ		**band**	bände	**gebunden**
bitten たのむ		**bat**	bäte	**gebeten**
bleiben とどまる		**blieb**	bliebe	**geblieben**
braten (肉などを)焼く	*du* brätst *er* brät	**briet**	briete	**gebraten**
brechen 破る，折る	*du* brichst *er* bricht	**brach**	bräche	**gebrochen**
brennen 燃える		**brannte**	brennte	**gebrannt**
bringen 持って来る		**brachte**	brächte	**gebracht**
denken 考える		**dachte**	dächte	**gedacht**
dürfen …してもよい	*ich* darf *du* darfst *er* darf	**durfte**	dürfte	**gedurft** **dürfen**
empfehlen 推薦する	*du* empfiehlst *er* empfiehlt	**empfahl**	empfähle (empföhle)	**empfohlen**
erschrecken 驚く	*du* erschrickst *er* erschrickt	**erschrak**	erschräke	**erschrocken**
essen 食べる	*du* isst *er* isst	**aß**	äße	**gegessen**
fahren (乗り物で)行く	*du* fährst *er* fährt	**fuhr**	führe	**gefahren**
fallen 落ちる	*du* fällst *er* fällt	**fiel**	fiele	**gefallen**
fangen 捕える	*du* fängst *er* fängt	**fing**	finge	**gefangen**
finden 見つける		**fand**	fände	**gefunden**
fliegen 飛ぶ		**flog**	flöge	**geflogen**

不定詞	直説法現在	過去基本形	接続法第2式	過去分詞
fliehen 逃げる		**floh**	flöhe	**geflohen**
fließen 流れる		**floss**	flösse	**geflossen**
frieren 凍る		**fror**	fröre	**gefroren**
geben 与える	*du* gibst *er* gibt	**gab**	gäbe	**gegeben**
gehen 行く		**ging**	ginge	**gegangen**
gelingen 成功する		**gelang**	gelänge	**gelungen**
gelten 値する，有効である	*du* giltst *er* gilt	**galt**	gälte (gölte)	**gegolten**
genießen 享受する，楽しむ		**genoss**	genösse	**genossen**
geschehen 起こる	*es* geschieht	**geschah**	geschähe	**geschehen**
gewinnen 獲得する，勝つ		**gewann**	gewänne (gewönne)	**gewonnen**
graben 掘る	*du* gräbst *er* gräbt	**grub**	grübe	**gegraben**
greifen つかむ		**griff**	griffe	**gegriffen**
haben 持っている	*du* hast *er* hat	**hatte**	hätte	**gehabt**
halten 持って(つかんで)いる	*du* hältst *er* hält	**hielt**	hielte	**gehalten**
hängen 掛かっている		**hing**	hinge	**gehangen**
heben 持ちあげる		**hob**	höbe	**gehoben**
heißen …と呼ばれる		**hieß**	hieße	**geheißen**
helfen 助ける	*du* hilfst *er* hilft	**half**	hülfe (hälfe)	**geholfen**
kennen 知っている		**kannte**	kennte	**gekannt**
kommen 来る		**kam**	käme	**gekommen**
können …できる	*ich* kann *du* kannst *er* kann	**konnte**	könnte	**gekonnt** **können**
laden (荷を)積む	*du* lädst *er* lädt	**lud**	lüde	**geladen**
lassen …させる	*du* lässt *er* lässt	**ließ**	ließe	**gelassen**

不定詞	直説法現在	過去基本形	接続法第2式	過去分詞
laufen 走る	*du* läufst *er* läuft	**lief**	liefe	**gelaufen**
leiden 悩む，苦しむ		**litt**	litte	**gelitten**
leihen 貸す，借りる		**lieh**	liehe	**geliehen**
lesen 読む	*du* liest *er* liest	**las**	läse	**gelesen**
liegen 横たわっている		**lag**	läge	**gelegen**
lügen うそをつく		**log**	löge	**gelogen**
messen 測る	*du* misst *er* misst	**maß**	mäße	**gemessen**
mögen …かもしれない	*ich* mag *du* magst *er* mag	**mochte**	möchte	**gemocht mögen**
müssen …ねばならない	*ich* muss *du* musst *er* muss	**musste**	müsste	**gemusst müssen**
nehmen 取る	*du* nimmst *er* nimmt	**nahm**	nähme	**genommen**
nennen …と呼ぶ		**nannte**	nennte	**genannt**
raten 助言する	*du* rätst *er* rät	**riet**	riete	**geraten**
reißen 引きちぎる		**riss**	risse	**gerissen**
reiten 馬に乗る		**ritt**	ritte	**geritten**
rennen 走る		**rannte**	rennte	**gerannt**
rufen 叫ぶ，呼ぶ		**rief**	riefe	**gerufen**
schaffen 創造する		**schuf**	schüfe	**geschaffen**
scheinen 輝く，思われる		**schien**	schiene	**geschienen**
schieben 押す		**schob**	schöbe	**geschoben**
schießen 撃つ		**schoss**	schösse	**geschossen**
schlafen 眠っている	*du* schläfst *er* schläft	**schlief**	schliefe	**geschlafen**
schlagen 打つ	*du* schlägst *er* schlägt	**schlug**	schlüge	**geschlagen**
schließen 閉じる		**schloss**	schlösse	**geschlossen**

不定詞	直説法現在	過去基本形	接続法第2式	過去分詞
schmelzen 溶ける	*du* schmilzt *er* schmilzt	**schmolz**	schmölze	**geschmolzen**
schneiden 切る		**schnitt**	schnitte	**geschnitten**
schreiben 書く		**schrieb**	schriebe	**geschrieben**
schreien 叫ぶ		**schrie**	schriee	**geschrien**
schweigen 沈黙する		**schwieg**	schwiege	**geschwiegen**
schwimmen 泳ぐ		**schwamm**	schwömme (schwämme)	**geschwommen**
schwinden 消える		**schwand**	schwände	**geschwunden**
sehen 見る	*du* siehst *er* sieht	**sah**	sähe	**gesehen**
sein 在る	*ich* bin *wir* sind *du* bist *ihr* seid *er* ist *sie* sind	**war**	wäre	**gewesen**
senden 送る		**sendete** （**sandte**）	sendete	**gesendet** （**gesandt**）
singen 歌う		**sang**	sänge	**gesungen**
sinken 沈む		**sank**	sänke	**gesunken**
sitzen 座っている		**saß**	säße	**gesessen**
sollen …すべきである	*ich* soll *du* sollst *er* soll	**sollte**	sollte	**gesollt** **sollen**
spalten 割る		**spaltete**	spaltete	**gespalten**
sprechen 話す	*du* sprichst *er* spricht	**sprach**	spräche	**gesprochen**
springen 跳ぶ		**sprang**	spränge	**gesprungen**
stechen 刺す	*du* stichst *er* sticht	**stach**	stäche	**gestochen**
stehen 立っている		**stand**	stände (stünde)	**gestanden**
stehlen 盗む	*du* stiehlst *er* stiehlt	**stahl**	stähle (stöhle)	**gestohlen**
steigen 登る		**stieg**	stiege	**gestiegen**
sterben 死ぬ	*du* stirbst *er* stirbt	**starb**	stürbe	**gestorben**
stoßen 突く	*du* stößt *er* stößt	**stieß**	stieße	**gestoßen**

不定詞	直説法現在	過去基本形	接続法第2式	過去分詞
streichen なでる		**strich**	striche	**gestrichen**
streiten 争う		**stritt**	stritte	**gestritten**
tragen 運ぶ，身につける	*du* trägst *er* trägt	**trug**	trüge	**getragen**
treffen 当たる，会う	*du* triffst *er* trifft	**traf**	träfe	**getroffen**
treiben 追う		**trieb**	triebe	**getrieben**
treten 歩む，踏む	*du* trittst *er* tritt	**trat**	träte	**getreten**
trinken 飲む		**trank**	tränke	**getrunken**
tun する		**tat**	täte	**getan**
vergessen 忘れる	*du* vergisst *er* vergisst	**vergaß**	vergäße	**vergessen**
verlieren 失う		**verlor**	verlöre	**verloren**
wachsen 成長する	*du* wächst *er* wächst	**wuchs**	wüchse	**gewachsen**
waschen 洗う	*du* wäschst *er* wäscht	**wusch**	wüsche	**gewaschen**
wenden 向ける		**wendete** （**wandte**）	wendete	**gewendet** （**gewandt**）
werben 得ようと努める	*du* wirbst *er* wirbt	**warb**	würbe	**geworben**
werden （…に）なる	*du* wirst *er* wird	**wurde**	würde	**geworden**
werfen 投げる	*du* wirfst *er* wirft	**warf**	würfe	**geworfen**
wissen 知っている	*ich* weiß *du* weißt *er* weiß	**wusste**	wüsste	**gewusst**
wollen …しようと思う	*ich* will *du* willst *er* will	**wollte**	wollte	**gewollt** **wollen**
ziehen 引く，移動する		**zog**	zöge	**gezogen**
zwingen 強制する		**zwang**	zwänge	**gezwungen**

ドイツ語圏略地図

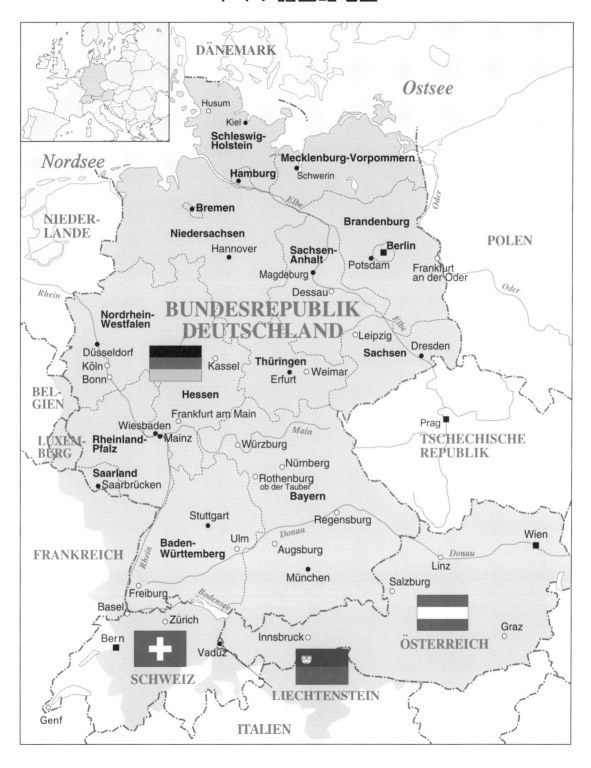

DÄNEMARK

Ostsee

Nordsee

Husum

Kiel

Schleswig-Holstein

Mecklenburg-Vorpommern

Hamburg

Schwerin

Bremen

Brandenburg

NIEDER-LANDE

Niedersachsen

Hannover

Sachsen-Anhalt

Berlin

Potsdam

Magdeburg

Frankfurt an der Oder

Dessau

POLEN

Elbe

Oder

Oder

Rhein

BUNDESREPUBLIK DEUTSCHLAND

Nordrhein-Westfalen

Düsseldorf

Köln

Bonn

Kassel

Thüringen

Weimar

Erfurt

Leipzig

Dresden

Sachsen

BEL-GIEN

Hessen

Frankfurt am Main

Elbe

Prag

TSCHECHISCHE REPUBLIK

Wiesbaden

LUXEM-BURG

Rheinland-Pfalz

Mainz

Würzburg

Main

Saarland

Saarbrücken

Nürnberg

Rothenburg ob der Tauber

Bayern

Stuttgart

Regensburg

Donau

Wien

FRANKREICH

Baden-Württemberg

Ulm

Augsburg

Donau

Linz

München

Salzburg

Freiburg

Bodensee

Basel

Zürich

Innsbruck

ÖSTERREICH

Graz

Bern

Vaduz

SCHWEIZ

LIECHTENSTEIN

ITALIEN

ドイツ語いいじぃ？ いいげんて！
―初級ドイツ語文法―

© 2022 年 1 月 30 日　初 版 発 行

検印
省略

著者　　　　　　　　　　　　　　　　　　　早川文人

佐藤文彦

西出佳代

発行者　　　　　　　　　　　　　　　　原　雅久
発行所　　　　　　　　　　　　　株式会社　朝日出版社
101-0065　東京都千代田区西神田 3-3-5
電話　03-3239-0271/72
振替口座　00140-2-46008
http://www.asahipress.com/
DTP/ メディアアート　印刷 / 信毎書籍印刷